外資系1年目\のための/英語の教科書

マヤ・バーダマン

Business English 101

KADOKAWA

はじめに

アメリカ人の父と日本人の母のもとに生まれた私は、日常的に英語を聞く環境で育ち、小学校から大学まで英語で教育を受けました。高校ではアメリカのボストン近郊にあるボーディングスクールへ、大学ではハワイ大学への留学も経験し、まさに「英語漬け」の毎日でした。

ですので私は、社会人1年目も「これまでの環境の延長でスムーズに進めるだろう」と、英語を話すことについてはほとんど不安がありませんでした。

ところが実際に外資系企業で働き始めると、そこで使われる英語は、それまで私が使っていた英語とは少し違うことに気づきました。飛び交う単語は馴染みのあるものばかりなのに、その選び方や組み合わせによって、全く印象が変わるのです。

例えば何かを依頼するとき、ビジネスの現場では、

Could you kindly get back to us by tomorrow?

というようなフレーズが頻繁に使われていました。

英語漬けの環境で育った私でさえ、この "kindly"（親切に、優しく）という単語を添えるだけで、相手への思いやりが伝わることを初めて知り、とても洗練された印象を受けたのを今でもよく覚えています。

加えて、立ち居振る舞いについても、社会に出てからは全くの別世界でした。先輩や上司が、海外のオフィスから来た社員や役員と握手をしながら自己紹介をし、食事会が始まる前のスモールトークでとても和やかな雰囲気を作りあげていく姿に、ただ惚れ惚れするばかりでした。

どうすれば、こんなふうに美しく丁寧な英語を使えるようになるんだろう？

どうすれば、あんなに洗練された、スマートなマナーを身につけること

ができるんだろう？

　私は書店を巡り、その答えを教えてくれる本を探しました。

　ビジネス英単語やフレーズ集、英文メールの書き方などの本はたくさんありましたが、私がほしかったのは、

　ビジネスに適した英語の使い方とそのシーンにふさわしいマナー

　を1冊にまとめた本でした。

　どちらか1つだけでは足りないことを私は現場で痛いほど感じていたからです。けれども残念なことに、そのような本は見つかりませんでした。

　頼るものがなかった私は、気まずい場面も失敗もたくさん経験し、まさに悪戦苦闘の日々でした。周りで活躍する人たちの表現や立ち居振る舞いをお手本に、ひとつずつ学んでいくしかありませんでした。

　一方それは、見方を変えれば、自分の働く環境が唯一の「生きた英語の教材」ということでした。

　私は丁寧でプロフェッショナルな言い回しに出会うたびに書き留めるようにし、オリジナルのテンプレート集を作りました。そして、そうしたフレーズがどのようなマナーと共に使われているかを頭に焼きつけるようにしました。それらを現場で実践していくうちに、コミュニケーションもだんだんとスムーズになり、自信がついていきました。

　そのとき私は思ったのです。

　「これから英語を使って仕事をしなければいけない人たちが、私と同じような苦労をするかもしれない。自分の経験や学びを通して何か役に立てないだろうか」と。

　もし今、あの頃の私が必要としていたような本があれば、仕事で使う英語に悩んでいる人が1人でも多く救われる。もっと「省エネ」でビジネスに必要な英語やマナーを武器にでき、皆さんが持つ本来の能力を発揮できるはずだ、と。

　この本を書いたのは、そんな思いからです。

「日常会話すらおぼつかないのに、英語で仕事をするなんて自信がない」「文法が間違っていたらどうしよう」という不安はよく耳にします。

でも実は、ビジネスで頻繁に使われるフレーズは限られています。ある意味、日常会話や雑談より簡単で、中学までで教わる英語でも十分通用します。越えるべきハードルは、難しい単語やフレーズの丸暗記ではなく、単語の組み合わせと、状況に合った適切な言葉、それらを使う際に必要になるマナーなのです。

さらに、世界がボーダレス化している今、様々な国、文化、言語の人が一緒に働いているため、コミュニケーションの相手が必ずしも英語のネイティブスピーカーとは限りません。彼らの英語は発音やアクセントにクセがあったり、文法が間違っていることも少なくありません。けれども彼らはその英語でコミュニケーション力を大いに発揮し、世界を舞台に活躍しているのです。

つまり、これからの時代、ビジネスでは「完璧な英語」「ネイティブ並みの発音」を目指すよりも、きちんと要点が伝わり、それを丁寧な表現と適切なマナーで伝えられる能力のほうがますます重要になってくると言えるでしょう。

では改めて、そうした英語とマナーの基本とはいったい何なのか。
本文に入る前に、この点を整理しておきたいと思います。

基本① 「英語には敬語がない」は誤りだと認識する
「完璧な英語じゃなくて良い」というと、「英語は伝われば良い」「英語は言いたいことをストレートに言えば良い」「英語は敬語がなくフラットな言語だ」と解釈されてしまうことがあるのですが、これはよくある誤解です。

英語圏の友人が「日本人は日本語では丁寧で礼儀正しいのに、英語で話すといきなり失礼になる」とこぼしていたことがあるほどで、実際にもこ

うした思い込みが原因で、信頼関係に影響が出ることがあります。

　帰国子女や留学経験者など、英語にある程度自信のある人でも注意が必要です。学生時代のように目上の人に声をかけると、カジュアルすぎて失礼に聞こえてしまう可能性があるからです。

基本②丁寧な英語とマナーを組み合わせる

　とはいえ英語には、日本語のように、「ございます」「存じあげます」「御社（貴社）・弊社」といった敬語そのものにあたる言葉やルールは存在しません。

　では英語はどうすれば丁寧に聞こえるのでしょう。

　それは、単語のチョイスや組み合わせ、言いたいことを言う前にクッションのようにつけ加える言葉、声のトーンなどで「調整」することによって表現します。また、それらをどのタイミングで使うのか、どのような立ち居振る舞いと共に相手に伝えるのか。この英語とマナーの両輪が揃うことで、プロフェッショナルな英語が完成するのです。

基本③シーンに合わせて「適切な表現のパターン」を選ぶ

　直接的で不躾な表現や曖昧な表現を使ったり、日本語の表現をそのまま英語に直訳したりしてしまうと、相手との間に誤解や混乱、不安を生じさせてしまうことがあります。「伝われば良い」という考え方ではなく、英語独特のニュアンスを意識し、それにふさわしいシーンと一緒に、できるだけ「英語の感覚のまま」覚えることが重要です。

　本書を読む際には、これらの３つの基本を頭の片隅に置いておくと、様々な学びが結びついていくはずです。

　難しいことはありません。

　忘れたらまた読み返せばいいのです。

　そうやって確かめながら繰り返し使っていくうちに、そのフレーズがいつの間にかあなたのものになり、そのシーンにふさわしいマナーが自然に身につき、自信を持ってコミュニケーションが取れるようになっているで

しょう。

　この本が、英語を使って仕事をするあなたにとって、デスクの引き出しにしまっておく「お守り」になってくれたら、これに勝る喜びはありません。

　肩の力を抜き、自分が生き生きと振る舞い、英語で会話しているシーンを思い浮かべながら、本書を読み進めていただけたらと思います。

The best of luck to you!
（うまくいきますように！）

マヤ・バーダマン

本書の使い方　3 Steps

Step 1　The Essentials をおさえる

　ビジネスシーンで英語を使うときは、「挨拶で使う英語」を丸暗記しても通用しません。使う際にどんなことを心がけるのかを理解した上で、フレーズを使う必要があります。そうした基本的なマナーを The Essentials にまとめているので、まずはこのマナーをおさえることを優先しましょう。

　また、英語初学者の方でフレーズを覚えるのが難しく感じる場合は、まずはこの The Essentials だけを読み進め、マナーをさらうだけでも構いません。

The Essentials ―本当の基本―

❶ おうむ返しを避ける
❷ 完全なセンテンスで話す
❸ 挨拶にプラスαを

Step 2　英語フレーズは使う場面をイメージしながら音読する

　Step 1でマナーが理解できたら、次はそのマナーに基づいて英語フレーズを学びます。本書では紹介しているフレーズの音声を無料でダウンロードできるので、音声に合わせ、実際に使う場面をイメージしながら音読しましょう。このとき、The Essentialsのマナーも頭に入れながら使うと、プロフェッショナルな英語が身につくようになります。

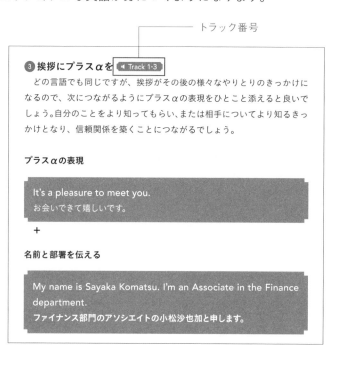

トラック番号

❸ 挨拶にプラスαを ◀ Track 1-3

　どの言語でも同じですが、挨拶がその後の様々なやりとりのきっかけになるので、次につながるようにプラスαの表現をひとこと添えると良いでしょう。自分のことをより知ってもらい、または相手についてより知るきっかけとなり、信頼関係を築くことにつながるでしょう。

プラスαの表現

It's a pleasure to meet you.
お会いできて嬉しいです。

＋

名前と部署を伝える

My name is Sayaka Komatsu. I'm an Associate in the Finance department.
ファイナンス部門のアソシエイトの小松沙也加と申します。

Step 3　Review Dialogue で総仕上げ

　各Chapterの最後には、Review Dialogueを設けています。これは、それぞれのChapterで紹介した主なマナーや英語をDialogueの形で収録したものです。このReview Dialogueを音声に合わせて音読することで、実際にどのような会話の中でマナーやフレーズが使われるのかを確認することができます。ここで各Chapterのおさらいをして、それぞれのChapterで学んだことを記憶に定着させましょう。

Review Dialogue 1-1　復習ダイアローグ1-1

- ●Scene: 浅間さんが、同じ会社のマイクさん（部下）を取引先会社のCEOの内藤さん（C）に紹介しています。
- ●A = 浅間圭吾（紹介役）　B = Mike Brown
  C = 内藤翔太（ABCテック・ホールディングスCEO）

A: Hello, Mr. Naito. I'd like to introduce to you Mike Brown from our IT Department. Mr. Shota Naito is the CEO of ABC Tech Holdings.

B: It's a pleasure to meet you, ❶ Mr. Naito. ❷

C: I'm pleased to meet you, ❶ Mr. Brown. ❸ I heard from Mr. Asama that you were involved in developing the popular English translation application for smartphones. ❹ I use that app on my phone regularly and it's very convenient, particularly when I'm traveling.

音声ダウンロードについて

　本書で紹介している英文をネイティブが読み上げたものを、下記の方法で聴くことができます。記載されている注意事項をよく読み、内容に同意いただける場合のみご使用ください。

音声をダウンロードする

https://www.kadokawa.co.jp/product/321802001453

　上記のURLへパソコンからアクセスいただくと、mp3形式の音声データをダウンロードできます。「書籍に付属する音声のダウンロードはこちら」という一文をクリックして、ダウンロードし、ご利用ください。

- ダウンロードはパソコンからのみとなります。携帯電話・スマートフォンからはダウンロードできません。
- スマートフォンに対応した再生方法もご用意しています。詳細は上記URLへアクセスの上、ご確認ください（※ご使用の機種によっては、ご利用いただけない可能性もございます。あらかじめご了承ください）。
- 音声はmp3形式で保存されています。お聴きいただくにはmp3ファイルを再生できる環境が必要です。
- ダウンロードページへのアクセスがうまくいかない場合は、お使いのブラウザが最新であるかどうかご確認ください。
- フォルダは圧縮されていますので、解凍したうえでご利用ください。
- 音声はパソコンでの再生を推奨します。一部ポータブルプレイヤーにデータを転送できない場合もございます。
- なお、本サービスは予告なく終了する場合がございます。予めご了承ください。

Contents

Chapter

1 挨拶の基本　15

Chapter

2 依頼の基本　61

Chapter 5 謝罪と感謝の基本 315

The Basics of Greetings

Chapter 1

挨拶の基本

01

丁寧な挨拶をする

初対面の挨拶はあなたの first impression（第一印象）を決定づける大きな要素です。実際、第一印象は7秒、あるいは30秒で決まる、といった説を Forbes や Business Insider などの記事でよく目にします。たったそれだけの時間でどう振る舞うべきか悩むかもしれませんが、以下の点を意識すれば丁寧でありながら形式的ではない挨拶ができ、良い第一印象で相手との関係をスタートできるでしょう。

The Essentials ―本当の基本―

① おうむ返しを避ける
② 完全なセンテンスで話す
③ 挨拶にプラスαを

① おうむ返しを避ける ◀ Track 1-1

出会ったときの挨拶として、How do you do? という表現を習ったかもしれません。これは古い表現でも間違いでもなく、使っても問題ないのですが、やや違和感があるのは How do you do? の返事として同じように How do you do? と返すことです。

機械的ですし、工夫がなく、相手が違和感を覚える可能性があります。日本語では、「はじめまして」の挨拶に「はじめまして」と返事をしても問題はないので、ここに英語との違いがあります。相手がこの表現で挨拶をしたら、おうむ返しをせず、次のように他の表現で挨拶しましょう。

⭘ Do's

△ Don'ts

2 完全なセンテンスで話す ◀ Track 1-2

　些細なことではあるのですが、心がけるだけで話し方の印象が少し変わります。初対面の人と会ったときの最初のひとことというと、次のような表現を思い浮かべる方が多いのではないでしょうか。

Nice to meet you.
はじめまして。

　実はこのフレーズは、次のように It is が省略されたものです。

(It is) nice to meet you.

　実際、会話ではこのように It is（もしくは省略して It's）などを省くことがあり、こうすると少しカジュアルな雰囲気になります。この It is（または It's、It was）を省かず完全なセンテンスで言うほうが、少し丁寧に聞こえます。大幅に印象が変わるわけではありませんが、なるべく丁寧な言葉遣いをしようという姿勢は相手に伝わります。

〈 Not bad 〉　　　　　　　　〈 Better 〉
Nice to meet you.　　➡　　It's nice to meet you.
Pleasure to meet you. ➡　　It's a pleasure to meet you.
Pleased to meet you. ➡　　I'm pleased to meet you.

Best Practices —現場からのヒント—

☑ ワンパターンにならないように

　ここでご紹介したフレーズを積極的に使うのは良いことなのですが、その際に、The Essentialsの❶で紹介した、おうむ返しを避けるということを念頭に置くようにしましょう。外資系の企業で働くと、外国人の同僚、初めて会うクライアント、アメリカの本社から日本を訪問する役員など、様々な方と挨拶をする機会があります。こういったシーンを英語で切り抜けるとなると、日本語のときよりも緊張してしまうでしょう。慣れないうちは相手が言った言葉を繰り返したり、決まった表現に頼ったりと、機械的な挨拶になりがちです。なるべく相手と違う挨拶を返し、自分から挨拶をする場合にも表現のバリエーションを意識すると良いでしょう。

☑ 表現は現場で覚えていく

　ここでご紹介したフレーズはあくまでも基本として覚えておき、挨拶をする場面で、相手がどんな返事をするかを聞き、ご自身のボキャブラリーに加えていくことをおすすめします。ストックが増えれば臨機応変に対応でき、相手によってカスタマイズできるようになります。こうした心がけで毎日の挨拶をすると、様々な相手や場面でも自信を持って気持ちよく挨拶ができるようになるはずです。

　英語を使う現場こそが皆さんの「生きた英語の教材」です。挨拶に限らず、現場の中でフレキシブルに学んでいき、アウトプットをしていくことが、語彙を増やして、使う表現ややりとりの幅を広げることにつながります。

③ 挨拶にプラスαを ◀ Track 1-3

　どの言語でも同じですが、挨拶がその後の様々なやりとりのきっかけになるので、次につながるようにプラスαの表現をひとこと添えると良いでしょう。自分のことをより知ってもらい、または相手についてより知るきっかけとなり、信頼関係を築くことにつながるでしょう。

プラスαの表現

It's a pleasure to meet you.
お会いできて嬉しいです。

　＋

名前と部署を伝える

My name is Sayaka Komatsu. I'm an Associate in the Finance department.
ファイナンス部門のアソシエイトの小松沙也加と申します。

「今後ともよろしくお願いいたします」のひとことを添える

I look forward to working with you.
一緒にお仕事ができるのを楽しみにしております（「今後ともよろしくお願いいたします」のニュアンスで使える）。
※「よろしくお願いいたします」の直訳がないので、場面によって適した表現を使います。

相手についてひとこと述べる

I've heard your name often from my coworkers.
同僚があなたの話をしているのをよく聞きます。　※ポジティブなニュアンスです。

メールのやりとりが続いたあと、実際に会うのが初めてのとき

I'm happy to finally be able to meet you in person.
やっとお会いできて嬉しいです。

プラスαの要素

　以上のような表現に笑顔を添えるとより良い印象になります。「演技でも良いので、笑顔で自信があるように見せるだけで印象が変わる」。これは筆者自身が緊張する場面で上司から受けたアドバイスです。このように、言葉遣い以外の要素にも気を配ることをおすすめします。

丁寧な自己紹介で 良好な関係を築く

　実は、自己紹介で使うフレーズはバリエーションが多くはありません。ビジネスの場面では自分の名前を伝えるときに、言葉遣い以外にも注意すべき点があります。

The Essentials ―本当の基本―

❶ 最初からファーストネームやニックネームを押しつけない
❷ 日本語名の発音が外国人にとって難しいときは、ゆっくり
　 発音するか、ニックネームで呼んでもらう

❶ 最初からファーストネームやニックネームを押しつけない

🔊 Track 1-4

　My name is Shota. Call me Sho! などと、初対面の際に「ファーストネームで呼んで」と言う方がいます。「英語圏ではファーストネームで呼び合うもの」「ファーストネームで呼び合えると距離が縮まる」というイメージがあるのかもしれませんが、これは誤ったものです。

　ファーストネームというと、中曽根康弘元首相とレーガン元大統領の「ロン・ヤス」外交（同盟）を思い出す方がいるかもしれません。お互いにファーストネームで呼び合う仲というアピールになり、日米同盟の強化につながった象徴的な外交として知られています。しかし、通常のビジネスシーンでは、初対面の人にファーストネームを強要すると、場合によっては軽く表面的な印象や、カジュアルでTPOに合わない印象を与えてしまいます。

　また、ファーストネームで呼び合うからといって距離が一気に縮まるわ

けではありません。それは、あくまでも相手とある程度関係を築いてからのことで、一方的にファーストネームで呼んだり、呼んで良いかと聞いたり、自分も呼んでもらうように要求するのは避けましょう。

　ただし、同僚の場合はファーストネームが一般的で、自然です。企業や組織によっては、上司やシニアマネジメントの方々もファーストネームで呼び、プレジデントやCEOの場合は Mr. [Clark], Ms. [Johnson] などと呼ぶことがあります。周りがどのような呼び方をしているのかをお手本にするか、上司の方に聞くのも良いでしょう。

　さらに、目上の人が自分のことをファーストネームで呼ぶように言う場合は、自分からも同様にファーストネームで呼んでもらうよう伝えるのが自然です。具体的に次のような会話が交わされます。

A: It's nice to meet you. I'm Simon Clark from Corner River Incorporated.
はじめまして。コーナーリバー株式会社のサイモン・クラークです。

B: It's a pleasure to meet you, Mr. Clark. I'm Toshiya Matsui from Hoshino Corporation.
お会いできて嬉しいです、クラークさん。星野コーポレーションの松井俊也です。

A: Please call me Simon.
サイモンと呼んでください。

B: Certainly, Simon. And please call me Toshi.
承知しました、サイモン。私のことはトシと呼んでください。

❷ 日本語名の発音が外国人にとって難しいときは、ゆっくり発音するか、ニックネームで呼んでもらう ◀ Track 1-5

　自分の名前が外国人にとって馴染みがない、または発音が難しい名前である場合はゆっくり発音します。もしくは、こちらから名前の短縮形やニックネームを伝えると親切です。「ニックネームは押しつけない」と説明しましたが、このような場合では適切です。以下は、外国人にとって発音が難しい名前の例と、そのニックネームの例です。

Fumihito/Fumihiko = Fumi
Kazutoshi = Kaz, Kazu, Toshi
Kenichi = Ken
Kazuhiro = Kaz, Kazu, Hiro
Junichi = Jun
Junko = Jun, June
Kyoko = Kyo
Masahiro = Masa
Mariko = Mari
Natsumi = Natsu
Yukihito, Yusaku, Yudai = Yu

次のようにニックネームを紹介すると丁寧です。

My name is Kazutoshi Matsumoto. You are welcome to call me Toshi for short. That's easier to remember.
松本和寿と申します。 トシのほうが覚えやすいかと思うので、よかったらそう呼んでください。

※ you are welcome to... は、「どうぞお気軽に」「よかったら」「ご自由に」の意味で、相手に選択肢を与えている丁寧なニュアンスです。

Best Practices ―現場からのヒント―

☑ ニックネームはTPOに合わせて

　相手をニックネームで呼ぶことは、状況によっては失礼に当たる場合があるので注意してください。普段はニックネームで呼び合う同僚でも、クライアントや役員クラスの上司が同席する場ではファーストネームかフルネームで呼ぶようにしましょう。

　また、日本では「〜さん」と呼び合うことを知っている外国の方もいるので、例えば田中さんに対しては"Hello, Tanaka san."と言うこともあり、メールでもTanaka sanやTanaka-sanとすることがあります。日本語の場合、名字で呼び合うことがあり、カジュアルなシーンでは「よっ、田中」「おう、佐藤、お疲れ」などと言いますが、英語では同じような感覚でラストネームでは呼び合いません。ファーストネームまたは「ラストネーム＋さん」で呼びます（ただし、仲のよい人同士（特に男性）が少しユーモアを交えて"Hey Vardaman!"、"Hi Bryant."という会話は聞くことがありますが、これはよっぽど仲が良くカジュアルな場面に限られます）。

⇧⇧⇧ Stepping Up ――歩上を行く― ◀ Track 1-6

☑ よくある外国人のニックネームを知っておく

　よくある英語の名前の短縮形やニックネームの中には、Williamが Bill になるなど、元々の名前とは綴りや発音が違うものもあります。中には、短縮形の名前をビジネスでも使う方もいます。社内のディレクトリー（オンラインの電話帳）やメールアドレスの名前の部分には Bill などの短縮形、名刺には William などフルで書き出し

た名前を使うケースもあるのです。以下のようなパターンもあること
とを知っておくと便利でしょう。

Alexander = Alex

Andrew = Andy

Anthony = Tony

Benjamin = Ben

Charles = Chuck

Christine = Chris

Cynthia = Cindy

Daniel = Dan, Danny

David = Dave

Donald = Don

Edward = Ed, Ted

Elizabeth = Beth, Liz

Jacqueline = Jackie

James = Jim, Jimmy

Jennifer = Jen, Jenny

John = Jack, Johnny

Jonathan = Jon

Joseph = Jo, Joe

Kathryn = Kathy, Kate, Katy

Margaret = Maggie, Peggy, Daisy

Matthew = Matt

Mary = Polly

Megan = Meg

Michael = Mike, Mikey

Patrick = Pat

Philip = Phil

Rebecca = Becky

Robert = Robby, Bob

Susan = Sue

Theresa = Tracy

Thomas = Tom, Tommy

Tiffany = Tiff

William = Bill, Will

03
上司や同僚をスムーズに紹介する

　他の人を紹介するときのフレーズも基本的には限られているので、それらを覚えつつ、親切な紹介をするように意識しましょう。

The Essentials ―本当の基本―

① 紹介役は相手が聞き取りやすいように名前を発音する
② 紹介された人は相手の名前を呼ぶ
③ 話題を広げるためのトピックを投げかける

① 紹介役は相手が聞き取りやすいように名前を発音する ◀ Track 1-7

　初対面の2人がお互いの名前を覚えやすいように、紹介役は名前をはっきりと述べて強調します。

Mr. Woods, allow me to introduce my colleague, Mike Steele. We work together in the accounting division at ABC Company. Mike, I'd like you to meet Mr. Collin Woods, COO of Woods Corporation, one of our important clients.

ウッズさん、私の同僚をご紹介させてください。ABC社のアカウンティング部門で一緒に働いております、マイク・スティールです。マイク、こちらはいつもお世話になっているウッズコーポレーションCOOのコリン・ウッズさんです。

❷ 紹介された人は相手の名前を呼ぶ 🔊 Track 1-8

　初対面の2人がお互いの名前を言うことで、相手の名前を聞き取ったことを示し、やりとりに親しみも加わります。自分で声に出すと、覚えやすくなる効果もあります。また、名前の部分は特にはっきりと言います。もし聞き取れなかったり、忘れてしまったりしたら、I'm sorry, could I have your name again?（もう一度お名前を教えていただけますか？）と聞いても全く問題ないです。むしろ、その場で名前を確認して記憶できた方が良いですし、相手に「この方はきちんと名前を覚えようとしてくれている」という印象が残るでしょう。

　例えば、次のように相手の名前を呼ぶようにします。

A = 川﨑健（紹介役）
B = 佐藤恵美
C = Sarah Lim

A: Hello, Ms. Lim. I'd like to introduce to you Emi Sato from our Finance Department. Ms. Lim is the new Director of the Risk Management Department at ABC Company.
リムさん、ご紹介させてください。弊社ファイナンス部門の佐藤恵美です。[佐藤さんのほうを向いて] リムさんはABC会社のリスクマネジメント部の新ディレクターです。

B: It's a pleasure to meet you, Ms. Lim.
リムさん、はじめまして。

C: I'm very happy to meet you, Ms. Sato.
佐藤さん、こちらこそ、お会いできて嬉しいです。

カジュアルな場面での場合

A = 月島美希（紹介役）
B = 霧島栄治
C = Scott Newburg

A: Eiji Kirishima, I'd like to introduce Scott Newburg, my colleague. Eiji is an analyst in the Research Department.
霧島栄治さん、私の同僚のスコット・ニューバーグさんをご紹介します。[スコットさんのほうを向いて] 栄治さんはリサーチ部のアナリストです。

B: Nice to meet you, Scott.
スコットさん、はじめまして。

C: Glad to meet you, Eiji.
お会いできて嬉しいです、栄治さん。

🏔 Stepping Up ――歩上を行く――　　◀ Track 1-9

　人を紹介するときによくある「名前を忘れてしまった」「相手の名前が聞き取れなかった」といった場面は、次のような表現でスマートに乗り切ることができます。

☑ 相手の名前を忘れてしまったとき
I'm sorry, but I just can't remember your name. Could you please remind me of your name?
申し訳ございません、どうしてもお名前が思い出せません。お名前を教えてい

ただけますでしょうか？

Could you please repeat your name?
もう一度お名前をおっしゃっていただけますか？

☑ 相手の名前が聞き取れなかったとき

I'm sorry, but I'm afraid I didn't catch your name.
申し訳ございませんが、お名前を聞き取れませんでした。

I'm sorry, but I couldn't catch your name.
申し訳ございませんが、お名前を聞き取れませんでした。

※上記の場合、catchは「聞き取る」という意味になります。

Could you please repeat that?
もう一度おっしゃっていただけますか？

☑ 相手の名前の発音がわからないとき

I'm afraid I'm not sure how to pronounce your name correctly. Could you please tell me the proper way to say your name?
申し訳ないのですが、お名前の正しい発音がわかりません。正しい発音を教えていただけますか？

☑ 相手が自分の名前を間違えたとき・名前の発音を間違えたときに丁寧に教える

My name's a bit difficult to pronounce. The correct way is...
私の名前の発音はちょっと難しいのですが、正しくは…です。

③ 話題を広げるためのトピックを投げかける 🔊 Track 1-10

　紹介の場では軽く挨拶をするだけで終わることもありますが、話が広がると、お互いのことをもっと知ることができ、印象に残るでしょう。そのきっかけになるような質問の例を参考にしてみてください。

How long have you been at the firm?
この会社で働いてどれくらいになりますか?

I heard that you play on the company's basketball team.
会社のバスケのチームで活躍していると伺いましたよ。

Ken told me that you transferred from the London office. I actually worked there for a six-month assignment in 2016. We might have passed by each other in the hallway!
ケン（紹介役）から、スコットさんはロンドン・オフィスからトランスファー（異動）で来たと伺いました。実は、私は2016年に半年間そこで働いていました。もしかして廊下ですれ違っていたかもしれませんね!

Best Practices —現場からのヒント—

☑ 声のトーンや大きさは相手に合わせる

　会話が続く際、声のトーンや大きさを相手と合わせることも心がけるとよいでしょう。英語では常に全力で大声、自信満々にジョークを交えながら元気よく話すと印象がよい、というイメージを持っている方にお会いすることがありますが、これは誤解です。会話は言葉のキャッチボールなので、スムーズにいくようにお互いに話を投げかけるときの姿勢や雰囲気、声の大きさやトーンなどの言葉以外のところにも意識を向けて合わせていくとよいでしょう。

04 はじめましての挨拶で 大事な「握手」

　日本ではビジネスの場面で初対面の相手と挨拶を交わすとき、名刺交換から始まることが多いですが、他の文化もそうとは限りません。国や地域によって違いはありますが、ここでは主にアメリカのスタンダードな握手について説明します。

　アメリカでは握手は"accepted internationally as a professional sign of politeness"（国際的に politeness のプロフェッショナルなサインだと受けとめられている）とされています。politeness は「丁寧」や「品のある」「洗練された」「気配りのある」などのニュアンスを含み、ビジネスにおけるコミュニケーションには不可欠な要素です。

The Essentials ―本当の基本―

握手のタイミングは挨拶のとき

　ビジネスにおいて握手は大切な挨拶の表現で、元々「私は武器を持っていませんよ」と、相手に敵意が無いことを示す意味もありました。握手は相手に対して敬意を示し、信頼関係を築くための基本的なマナーです。

　握手は挨拶と同時に行われることが多いので、まずお互いに名乗り、挨拶が終わった頃に手を差し出します（目上の人が先に手を差し出すことが多いです）。It's nice to meet you. と言いながら握手することもあります。

　次のように、"limp fish handshake"（死んだ魚のように力のない握手）になったり、ブンブン力強く振ったり、両手で相手の手を握ることがないようにしましょう。実際に家族や同僚を相手に練習するのもおすすめです。

⭕ *Do's*

❶ 握手はしっかりと4、5秒相手の手を握り、2、3回振る。

❷ 握手の際は前のめりになりすぎず、
手を伸ばして相手の手を取れるちょうど良い距離を保つ。

❸ 相手の目を見て、手を振るときも目を合わせたままにする。笑顔も忘れずに。
そして、It's a pleasure to meet you. などと言い、手を離す。

△ *Don'ts*

❶ お辞儀しながら握手する。

❷ 下を見ながら握手する。

❸ 両手で相手の手を握り、
力一杯振る。

05

スマートに名刺を渡す

　「名刺の渡し方のマナー」というと、お辞儀の角度や名刺入れを持つ位置などのマナーやルールを連想するのではないでしょうか。しかし実際は、名刺交換に重きを置かないビジネス文化の場合は失礼のない渡し方をしさえすれば問題ありません。注意する点はタイミングです。

The Essentials ―本当の基本―

名刺を渡す相手とタイミングをよく見極める

　実のところ、名刺はどちらかというと挨拶の最後に渡すくらいの存在です。自己紹介をして別れる前に、By the way, here's my card.（そういえば、こちらが連絡先です）や、If I can help in any way, please feel free to contact me.（何かお役に立てることがありましたらお気軽にご連絡ください）と言って相手に渡す、といった扱いです。

　そのタイミングにもルールはなく、ケースバイケースです。相手が「名刺や連絡先をください」と言ったときや、相手が名刺を渡してきたとき、相手に名刺にある情報が必要だと思ったときに渡します。

　最初から名刺を取り出したり、積極的に交換するようなそぶりを見せたりすると、少々ビジネス的（営業的）な印象を与えてしまう可能性があります。特にネットワーキングイベントなどで初めて会った方と挨拶を交わす瞬間に名刺を取り出すと、「とりあえず連絡先を集めたい」というような印象を持たれたり、コネクション作りに必死に見えたりしてしまうかもしれません。

　ただし、外資系企業でも、相手が日本の方の場合は名刺交換から始まる

でしょうし、相手が外国の方でも名刺交換を重視する日本の文化を理解している場合は名刺交換から始まる可能性もあるので、相手が最初に名刺交換を求めてきたときは、それに応じて名刺を準備します。

06

サッと毎日の挨拶をする

The Essentials ―本当の基本―

> **毎日の挨拶は短く、場面によってカスタマイズする**

🔊 Track 1-11

　毎日の挨拶というと、日本語では「おはようございます」「お疲れさまです」などの決まり文句があります。一方で、英語では次のように場面に応じて違う表現を使います。

簡単な挨拶

Good morning.
おはようございます。　※午前10:00頃まで。

Hi.
こんにちは。　※日本語の「こんにちは」より少しカジュアルで親しみのあるニュアンスです。

Hello.
こんにちは。　※Hi. より丁寧で、かしこまった挨拶です。

Good afternoon.
こんにちは。　※正午～17:00頃まで。丁寧で少しかしこまった感じがします。

Good evening.
こんばんは。　　※日が落ちて、暗くなる夕方5:00頃から。

How are things going? / How's it going?
最近どう？

Hi, how are you?
調子はどうですか？　　※廊下ですれ違った場合などに使います。ちょっとすれ違ったようなときは詳細な返事は不要で、Great, and you? や Good, thank you. などと素早く返事をします。

　英語には「お疲れさまでした」の直訳はありませんが、以下の4つのフレーズを似たニュアンスで使えます。

See you tomorrow.
明日ね。／では、明日。

I'll see you tomorrow.
それでは、明日。

I hope you have a nice evening.
よい夜をお過ごしください。

※仕事場から帰るときに使えますが、See you tomorrow. の方が使う頻度が高いです。

I hope you have a great weekend!
よい週末を。　　※greatをnice, wonderfulなどに変えてもよいです。

簡単な別れの挨拶

Bye!
じゃあね！／ではまた！
※「バイバイ」の bye-bye! はあまり使いません。幼稚に聞こえ、ビジネスシーンには適しません。

I look forward to seeing you soon.
近々またお会いできるのを楽しみにしています。

I hope to see you again soon.
また近いうちにお会いできたら嬉しいです。

See you again soon!
ではまた！　※カジュアルな言い方です。

See you later!
では後でね！　※カジュアルな言い方です。

Please give my best to Mr. White.
ホワイトさんによろしくお伝えください。

Please say hi to Ryan.
（親しい人に）ライアンによろしくね。

07

丁寧な挨拶をする

　挨拶や会話の後、自分から別れを切り出さないといけないときは、タイミングがつかめずにプレッシャーを感じてしまう（ミーティングに行かないといけないときなど）、とっさに英語表現が出てこない、といったことがあるかもしれません。自然な別れの挨拶をするために、次のことを意識し、あらかじめ表現を覚えておくと便利です。

The Essentials ―本当の基本―

別れへの準備の言葉を使う

🔊 Track 1-12

　日本語でもそうですが、相手と別れるときにいきなり「では」「さようなら」と言うと、唐突な印象を与えます。
　そうではなく、段階的に挨拶をしたほうが丁寧ですし、お互いに気持ちよいですよね。英語でも同じで、「別れの準備の言葉」でワンクッション置き、徐々に別れの言葉まで持っていきます。

別れへの準備の言葉（会話を切り上げる）

It was really great talking with you.
お話しできてとても嬉しかったです。

I'm sorry to have taken so much of your time.
時間を取ってしまってすみません。

I'm glad we had the chance to talk.
お話しできる機会があってよかったです。

I'm afraid I have another appointment to go to.
申し訳ないですが、そろそろ行かなければいけません（次に予定があるため）。

I'm sorry, but I need to attend a meeting at 2:00 (two o'clock).
申し訳ないのですが、2時からのミーティングに行かなければいけません。

Well, I have to be going now.
そろそろ行かなければいけません。

If you'll excuse me, I think I'll go get some more to eat. It was very nice talking with you.
（立食スタイルのパーティーやイベントの場合）では、もう少し食べものを取ってくるので、ここで失礼します。お話しできて楽しかったです。
※ get some more to eat → get something to drink（飲みものを取ってきます）

別れの言葉

It was a pleasure meeting you.
（初めて会った人に）お会いできて嬉しかったです。

It was a pleasure seeing you again.
またお会いできて嬉しかったです。

It was great seeing you (again).
また会えて嬉しかったです。

I'm glad we were able to see each other again.
再会することができてよかったです。
※初めて会うときは meet、再会するときは see を使います。

Thank you for taking time to talk with me today. It was very helpful. / You were very helpful.
今日は（お話しするため）お時間をいただきありがとうございました。とても助かりました。／あなたのおかげで助かりました。

I look forward to working on this project together.
プロジェクトをご一緒できるのを楽しみにしています。

Please let me know if I can help in any way.
何かお役に立てるようなことがあればお知らせください。

Please let me know if you have any questions.
ご質問などありましたらお知らせください。

Here's my card. Please feel free to contact me if anything comes up.
こちらが名刺です。何かありましたらお気軽にご連絡ください。

また会えると思う場合

I look forward to seeing you soon.
近々またお会いできるのを楽しみにしています。

I hope to see you again soon.
また近いうちにお会いできたら嬉しいです。

See you again soon!
ではまた！　※カジュアルな表現です。

See you later!
では後でね！　※カジュアルな表現です。

Please give my best to Mr. White.
ホワイトさんによろしくお伝えください。

Please say hi to Ryan.
（親しい人に）ライアンによろしくね。

Say hello to Ryan for me.
（親しい人に）ライアンによろしく言ってね。

Please let Ryan know I said hi.
（親しい人に）ライアンによろしく言ってね。

The Basics of Greetings

08 再会の挨拶は 相手と状況にカスタマイズする

◀ Track 1-13

　以前一度会ったことがあったり、前からの知り合いでしばらくやりとりのなかった人と再会するときは、相手との関係や状況に合わせ、初めての挨拶よりもパーソナルな表現にします。カジュアル度や丁寧度にも気を配りましょう。

It's (very) nice to see you again.
またお会いできて嬉しいです。

It's a pleasure to see you again.
またお会いできて嬉しいです。

It's been a long time. / It's been a while.
しばらくですね。お久しぶりですね。

How are you doing? / How have you been? / How are things going?
最近どう？

How have you been doing?
どうしていらっしゃいましたか？　※「お元気でしたか？」と同じようなニュアンスです。

> Long time no see!
>
> 久しぶり！　　※カジュアルなので目上の人には言いません。
>
> I'm sorry that I haven't kept in touch.
>
> ※直訳は「連絡をとり続けていなくてすみません」ですが、「ご無沙汰して申し訳ございません」のニュアンス。「お久しぶりです」とは意味が違いますが、久しぶりに会ったり、連絡を取ったりしたときに使えます。

The Essentials ―本当の基本―

自分から名乗る

◀ Track 1-14

　インタビュアーが大物俳優やミュージシャンにインタビューをするとき、最初の一言を Do you remember me?（私のことを覚えていますか？）で始めるのをテレビで見ることがあります。以前会ったことを伝えると同時に、「あのとき会いましたね」などという会話のきっかけにしたいのだと思いますが、実際は相手への配慮が感じられない、一方的で失礼な聞き方です。

　特に相手が有名なハリウッドスターなどの場合、年間何百、何千人ものインタビュアーやファンと会っている可能性があります。その中でちょっと挨拶をしたり、数分や数十分のインタビューをした相手のことは覚えていないと考えるのが普通です。覚えていない場合でも No, I don't. とは答えにくいですし、相手は困ってしまいます。

　同じように、ビジネスシーンでも一度や二度会っただけでは相手も覚えていないかもしれません。特にパーティーなどで少し会話を交わしただけというときは、相手の記憶に残っていると決めつけることはできません。

　一度会ったことのある人には、覚えているかを問うのではなく、次のように表現し、自分から名乗るほうが丁寧です。また、どこで会ったかを伝

えると、相手が自分のことを思い出しやすくなります。

久しぶりに見かけた方がいて、相手が自分のことを覚えているかわからないとき

I believe we've met before. I'm Akiko Shindo at ABC Corporation.
前にお会いしたことがあると思います。ABC商事の進藤亜希子です。

I believe we met at the year-end party. I'm Erica Toyota from Human Resources. It's nice seeing you again.
年末のパーティーでお会いしたかと思います。人事部の豊田恵梨香です。またお会いできて嬉しいです。

Stepping Up ――一歩上を行く――　◀ Track 1-15

☑ スモールトーク（雑談）の糸口

よく「英語でちょっとした雑談ができない」という相談を受けます。挨拶と自己紹介の後、何を話せば良いかわからないと悩む人が多いようです。一方で、日本語での雑談では一般的なトピックでも、英語では避けたほうが良いものもあるため、以下のように整理してみました。

☑ 無難なトピックス

少々退屈で「ありきたり」と思う方もいますが、実際には誰に対してでも切り出せるトピックスです。

天気

This weather is really wonderful.
とても良い天気ですね。

It's nice to have some sun for a change.
久しぶりの太陽が嬉しいですね。

場所

This is a really nice restaurant.
素敵なレストランですね。

☑ 相手のことを理解するためのトピックス

　このような質問は相手のことをもっと知りたいという姿勢も伝わります。ただし、失礼で不適切な話題については避けるように気をつけてください。

仕事　※答えは曖昧でOKです。

A: What kind of work do you do?

B: I'm a designer. / I work for a financial firm. / I'm in IT. / I work with engineers. / I oversee the IT department.

A: どんなお仕事をされていますか。

B: デザイナーです。／金融機関で働いています。／ITの仕事をしています。／エンジニアと一緒に仕事をしています。／IT部門を見ています。

A: If you don't mind my asking, what kind of business does your company do?

B: My company deals with product design.

A: 差し支えなければ（教えていただきたいのですが）、御社はどのようなビジネスをされているのですか。

B: 私の会社はプロダクトデザインを扱っています。

趣味（映画、音楽、演劇、食べ物）

Are you into theater or art?

(Yesなら) What kind of museums do you go to?

You might be interested in the new exhibit at the Modern Art Museum.

あなたは演劇あるいはアートに興味がありますか？

（Yesなら）どんな美術館に行きますか？

現代芸術美術館での新しい展覧会にご興味を持たれるかもしれません。

※be into X = Xに興味を持つ

※What is your hobby? は不自然なのでこのような聞き方をします。

I'm a real fan of Vietnamese food. Do you happen to know any good restaurants in this area?

私はベトナム料理が大好きです。この近辺で良いレストランをご存知ですか？

What do you think of the new salad shop that opened on the first floor last week?

先週一階にオープンしたサラダのお店についてどう思いますか？

What do you like to do when you are off from work?

仕事がお休みのときはどんなことをするのが好きですか？

What do you enjoy doing when you have free time?

自由な時間があるときは、どんなことをされていますか？

I heard that you've taken up calligraphy. How's that going?
書道を始められたと伺いました。今のところ、いかがですか?

What do you think of the latest model of the xPhone?
xPhone の最新モデルについてどう思いますか?

スポーツ
Are you a baseball [football, soccer, tennis, basketball] fan?
野球 [フットボール、サッカー、テニス、バスケットボール] は好きですか。

(Yesなら) Do you follow any particular teams?
どこか応援しているチームはありますか。

(Yesなら) Do you play baseball [football, soccer, tennis, basketball] yourself?
ご自身もプレーするのですか。

(Yesなら) How often do you get a chance to play?
プレーする機会はどれくらいありますか?

週末の予定
Do you have any plans for the weekend?
週末は何かされる予定ですか?　　※具体的に聞いているわけではない。

Are you planning on taking some time off during the New Year holidays?
年末年始はお休みを取られるご予定ですか?

☑ 避けたほうが良いトピックス

- 血液型
- 家族構成（特に初対面のときには避けた方が良い）
- 住所
- 出身地（差別と思われることも）
- 宗教
- 政治
- 容姿

☑ 気をつけるべき言い回し

差別や偏見を含まない、公正・公平かつジェンダーフリーな表現を覚えておきましょう。

- businessman, businesswoman → business person, businessperson
- chairman → chairperson
- salesman, saleswoman → salesperson
- handicapped → a person with a handicap, a person with a (physical) disability**
- blind → visually impaired, a person who is blind, a person with a visual impairment**
- deaf → hearing impaired, a person who is hard of hearing, a person with an auditory impairment**
- Negro → blacks, African American（黒人）
- white → whites（白人）
- waitress → waiter
- steward, stewardess → flight attendant, cabin attendant

** がついている表現は、様々な表現の仕方がある中の一例です。

- Scene: 浅間さんが、同じ会社のマイクさん（部下）を取引先会社の CEO の内藤さん（C）
に紹介しています。
- A = 浅間圭吾（紹介役）　B = Mike Brown
  C = 内藤翔太（ABCテック・ホールディングス CEO）

A: Hello, Mr. Naito. I'd like to introduce to you Mike Brown from our IT
   Department. Mr. Shota Naito is the CEO of ABC Tech Holdings.

B: It's a pleasure to meet you, ❶ Mr. Naito. ❷

C: I'm pleased to meet you, ❶ Mr. Brown. ❷ I heard from Mr. Asama that
   you were involved in developing the popular English translation
   application for smartphones. ❹ I use that app on my phone regularly
   and it's very convenient, particularly when I'm traveling.

B: Thank you very much. I would be grateful if I can meet with you again
   sometime and hear your feedback and any suggestions you might have
   for improving the app.

C: I would be happy to meet with you to do that. Here is my card. ❺ Please
   feel free to email me and we can schedule something soon.

B: I would greatly appreciate that. This is my business card. ❺

C: Thank you. I'm looking forward to working with you.

B: The pleasure is mine.

A：内藤さん、ご紹介させてください。弊社IT部門のマイク・ブラウンです。[マイクさんの方を向いて] 内藤翔太さんはABCテック・ホールディングスのCEOでいらっしゃいます。

B：内藤さん、❷ はじめまして。❶

C：お会いできて嬉しいです、❶ マイクさん。❷ [マイクさんと内藤さんは近寄り、握手をする]。❸ 今人気の英訳スマホアプリの開発に関わっていらっしゃったと浅間さんから伺いました。❹ 私もあのアプリをよく使っていて、特に旅行のときに便利だと思っています。

B：どうもありがとうございます。今度またお会いして、フィードバックや改善点などお聞きできたら嬉しいです。

C：喜んで。こちらが名刺です。❺ 気軽にメールしてください。近いうちに予定を立てましょう。

B：ありがとうございます。こちらが私の名刺です。❺

C：ありがとうございます。一緒にお仕事できるのを楽しみにしています。

B：こちらこそ。

Review Dialogue 1-1　復習ダイアローグ 1-1

Key Takeaways　復習ダイアローグ1-1のポイント

❶ おうむ返しを避ける ⇒p. 16

マイクさんが It's a pleasure to meet you. と言うと、内藤さんはおうむ返しを避け I'm pleased to meet you. と違う表現で返事をしています。こうした表現をすることで、機械的ではなく、気持ちの通った挨拶になります。

❷ 紹介された人は相手の名前を呼ぶ ⇒p. 29

紹介されたマイクさんと内藤さんは 2 人とも相手の名前を言うことで、きちんと名前を聞き取り記憶していることを示しており、personal touch（親しみ）が加わります。

❸ 握手のタイミングは挨拶のとき ⇒p. 34

内藤さんとマイクさんは挨拶のタイミングでお互いに近寄り、握手をしています。このタイミングはとても大切です。さらに、握手をする際に気をつけるべきこともおさえておきましょう。

①握手はしっかりと 4、5 秒相手の手を握り、2、3 回振る。
②握手の際は前のめりになりすぎず、手を伸ばして相手の手を取れるちょうど良い距離を保つ。
③相手の目を見て、手を振るときも目を合わせたままにする。笑顔も忘れずに。そして、It's a pleasure to meet you. などと言い、手を離す。

また、次のようなことをしないように注意しましょう。

①お辞儀しながら握手する。

②下を見ながら握手する。

③両手で相手の手を握り、力一杯振る。

❹ 話題を広げるためのトピックを投げかける ⇨ p. 32

　内藤さんは簡単な自己紹介のあとで、マイクさんの経歴に触れています。こうしてただ自己紹介するだけでなく、相手との会話を展開していく意思を示すことが大切です。

❺ 名刺を渡す相手とタイミングをよく見極める ⇨ p. 36

　内藤さんはいきなり名刺を出すのでなく、挨拶が済んだあとで、連絡先を伝える程度のニュアンスで名刺を渡しています。この状況では、お互いに連絡先を交換した方が良いと内藤さんが判断し、自然なタイミングで渡しています。

Review Dialogue 1-2 復習ダイアローグ 1-2

● Scene: 職場のパーティーで初めて会う2人の自己紹介の例です。
　　　　　復習ダイアローグ1-1に比べると少しカジュアルな場面になります。

● A = 森良樹　　B = Jim Simmons

A : How do you do? ❶ I'm Yoshiki Mori.

B : It's a pleasure to meet you, ❶ Yoshiki san. I'm Jim Simmons.

A : I'm sorry, I didn't quite catch your name. Would you please repeat it for me? ❷

B : Sure, it's Jim Simmons.

A : Thank you, Jim. ❸ I'm very pleased to meet you. Have you been in Tokyo a long time? ❹

B : I've been here for about a year.

A : I see. What brought you to Japan? ❹

B : I had a chance to study abroad at Sophia University, and I've been interested in living in Japan ever since. Last year, I found an open position at the Tokyo office, so I decided to apply for it and got the job.

A : That's great! Please let me know if I can help out with anything at the office or with life in Japan in general. I'd be more than happy to help.

B : That's really kind of you. Thank you very much.

A : It's my pleasure. Well, if you will excuse me, I think I'm going to get something to drink. ❺ It was really great talking with you, Jim.

B : The pleasure is mine, Yoshiki san. I look forward to seeing you at the office sometime.

A : Yes, me too. I'll see you again soon, and I hope you enjoy the rest of the party.

B : Thank you, and the same to you!

A：はじめまして。❶ 森良樹です。

B：はじめまして、❶ 良樹さん。ジム・シモンズです。

A：申し訳ございません、お名前を聞き取れませんでした。もう一度おっしゃっていただ
　　けますか？ ❷

B：はい、ジム・シモンズです。

A：ありがとうございます、ジムさん。❸ お会いできて嬉しいです。東京には長くいらっしゃ
　　るのですか？ ❹

B：1年くらいになります。

A：そうなのですね。日本へはどのようなきっかけでいらっしゃったのですか？ ❹

B：上智大学に留学する機会があり、それ以来日本に住むことに興味がありました。去年、
　　東京オフィスにオープンポジションがあったので応募したら採用されました。

A：それはよかったですね！　オフィスや日本での生活で何かお手伝いできることがあれ
　　ば気軽に言ってくださいね。喜んで力になりたいです。

B：ご親切に、どうもありがとうございます。

A：喜んで。では、ちょっと失礼して、飲みものを取りにいこうと思います。❺ お話しでき
　　て本当によかったです、ジムさん。

B：こちらこそ、良樹さん。オフィスでまたお会いできるのを楽しみにしています。

A：はい、こちらこそ。またお会いしましょう。パーティーを楽しんでくださいね。

B：ありがとうございます。そちらも楽しんでください！

Review Dialogue 1-2　復習ダイアローグ 1-2

Key Takeaways　復習ダイアローグ1-2のポイント

❶ おうむ返しを避ける ⇨ p. 16

Review Dialogue 1-1 よりも少しカジュアルな場面ですが、シーンに限らず、相手の挨拶にはおうむ返しをしないようにしましょう。

❷ 相手の名前が聞き取れなかったとき ⇨ p. 31 (Stepping Up)

森さんはジムさんの名前を聞き取れなかったので、その場でもう一度言ってもらうようにお願いしています。名前は後になるほど聞きづらくなるので、最初のタイミングで確認しましょう。

❸ 最初からファーストネームやニックネームを押しつけない ⇨ p. 22

この場面では、社内ですし、相手は会社の CEO のような目上の方ではないため、ファーストネームで呼ぶのが自然です。相手がクライアントや外部の方の場合はファーストネームを避けます。また、ジムさんは日本での留学経験もあり、日本では名前に「さん」をつける習慣を理解しているので、Yoshiki san と呼んでいます。英語の名前の場合、人によっては Jim san などと呼びますが、一般的には「さん」をつけなくても失礼ではありません。

❹ 話題を広げるためのトピックを投げかける ⇨ p. 32

挨拶と自己紹介が終わると、スモールトークが始まります。自然で無難なトピックには、その場に関すること（パーティーの場所、提供されている食べものなど）や、天気や気候などがあります。この場合、2 人の会社には世界の各拠点から日本のオフィスに社員がアサインメント（海外赴任）で来ていたり、エクスパット（expat =“expatriate”（エクスパトリエート）の略語で、「グローバル展開している企業の本社に所属している社員で、海外支社で働いている社

員や現地駐在員」のこと）として働いていたことがあるため、森さんはジムさんにどれくらい東京にいるかを聞き、さらにその理由をたずねています。こうして話題を展開していくことで、会話が盛り上がります。What brought you to Japan? は丁寧な表現で、話のきっかけになるので、覚えておくと便利です。

　一方で、テレビでの外国人インタビューなどで聞く Why did you come to Japan? は「どうして日本に来たの？」「日本に来た理由は？」と不躾に聞いているニュアンスで、空港のイミグレーションや警察の職務質問のように聞こえるので、使うのは避けましょう。

❺ 別れへの準備の言葉を使う ⇒p. 41

　話が続き、そろそろ別の人と話したり、次の場所へ行ったりするなど、会話を終わりに持っていこうというときは、いきなり「ではさようなら」と別れを告げるのではなく、段階的に別れに持っていきます。Well, if you will excuse me... のひとことがそのシグナルです。

　ここでは少し間をおいて声のトーンも変えて改まった感じで言うとよりシグナルがはっきり伝わるでしょう。森さんは飲みものを取りにいくと言いますが、他に I should get going.（もう行かなくてはいけません）や Let's introduce ourselves to some new people. It's been very nice talking with you.（他の新しい人に挨拶しにいきましょうか。お話しできてとても楽しかったです）と言って会話を切り上げることもできます。相手と過ごした時間についての気持ちを伝えつつ、別れのきっかけとなるフレーズをポジティブに言っているので良い流れを作っています。

The Basics of Making Requests

Chapter 2

依頼の基本

01
気遣いの感じられる依頼をする

　日本語で依頼をするときは、決まった「敬語」があるので、「〜（して）いただけますでしょうか？」や「〜をお願いいたします」などの形式的な表現を用いると丁寧な表現になります。他方、英語では同等の「敬語」がないため、内容のみになってしまい、直接的で一方的に聞こえることがあります。依頼は特に「アクションを取ってもらう」という相手に負担をかけるものなので、聞き方を工夫して相手が気持ちよく受け取りやすいようにします。

The Essentials 一本当の基本一

> ❶ 「please + 動詞」は依頼というより命令調に聞こえる
> ❷ Won't you...? や Can't you...? は失礼に聞こえる
> ❸ want は命令調＆幼稚に聞こえる

❶ 「please + 動詞」は依頼というより命令調に聞こえる

◀ Track 2-1

　何かを頼むときはpleaseを文頭につければ丁寧になると思いがちですが、実際には「please + 動詞」は一方的で、「上から目線」で命令調に聞こえてしまいます。相手に選択肢や断る余裕を与えていない言い方になってしまうからです。特に目上の人には使わないようにしましょう。

　ビジネスシーンで依頼をするときは、Could you please...? や Would you please...? といったリクエスト形式を使うとより丁寧です。これは相手の都合に配慮し、相手が引き受けるかどうかを考える余裕を残します。依頼の形式として、「please +動詞」（〜してください）の他にも、「I

want (you to...)」（〜をしてほしい）がありますが、丁寧な依頼の際には
これもふさわしくありません。その代わり、couldとwouldを用いた2通
りの聞き方を覚えておくといいでしょう。この2つは、「〜していただけ
ますか？」というリクエストの形式です。

可能かどうかを聞くcould

Could you (please)...?
〜していただけますか？
※可能性を聞くため、相手に「断る」という選択肢を持たせることができます（やや断りやすい）。

意思があるかどうかを聞くwould

Would you (please)...?
〜していただけますか？
※意思があるかどうかを聞きます（Could you...? よりも相手に心理的負担がかかり、やや断りにくい）。

　まず、可能かどうか聞く表現には、以下のようなニュアンスの違いがあ
ります。

Can you...?
〜してもらえますか？　　※少々一方的な表現です。

Could you...?
〜していただけますか？　　※canよりcouldの方が丁寧な印象を与えます。

Could you possibly...?

〜していただくことは可能でしょうか？

※比較的難しいことをお願いするときに使います。

Could you please...?

〜してもらえますか？　※丁寧な表現です。

意思があるかどうか聞く表現は、以下のニュアンスの違いがあります。

Will you...?

〜してもらえますか？　※意思があるかどうかを聞いていて、やや一方的。聞き方によっては「〜する気はあるの？」と、相手の意思を聞いているので、相手が断りにくいニュアンスです。

Would you...?

〜していただけますか？　※willより丁寧な印象があります。

Would it be possible for you to...?

〜していただくことはできますでしょうか？

※この場合はやってもらえるかどうかの「可能性」を丁寧に聞いています。

Would you please...?

〜していただけますか？　※丁寧な表現です。

　丁寧度はcould > can, would > will となります。wouldよりもcouldの方が丁寧ですが、pleaseをつけて、Could you please...?、Would you please...?とすると、丁寧さの度合いは同じくらいになります。

　ただし、wouldを用いた以下のフレーズは丁寧なので、依頼をするときの聞き方として覚えておくと便利です。

We would be grateful if you could...
〜していただけましたら幸いです (ありがたいです)。

Would you mind...?
〜していただけますか？ 　　※ Would you mind...? は丁寧な聞き方の1つです。直訳は「〜することについて気になりますか？」で、依頼をするときによく使うフレーズです。なお、この聞き方への答え方には注意が必要です。依頼されていることに対して肯定する意味で Yes, sure. と答えると、「はい、気にします」「はい、嫌です」(Yes, I mind.) と答えていることになります。「良いですか？」「はい、良いですよ」と言うときの正しい返事は no です (No, I don't mind.)。 返事の仕方に迷ったら、以下の表現で答えると明確です。

Please go ahead.
どうぞ。　　※この単語の組み合わせでは文頭に please が入っても命令調ではなく丁寧です。

I'd be happy to [help].
喜んで [お手伝い] します。

○ *Do's*

Could you please reply to my email?
メールに返信していただけますでしょうか？

Could you please help review this draft?
このドラフトを見ていただけますでしょうか？

Could you spare me a few minutes to review this draft?
このドラフトを見ていただきたいのですが、少しお時間いただけますか？

I would really appreciate it if you could review this draft.
このドラフトを見ていただけるととても助かります。

△ *Don'ts*

Please reply to my email.
メールに返信してください。

Please review this draft.
このドラフトをレビューしてください。

※Please をつけていても、上から目線で、命令調に聞こえることは変わりません。また、相手の都合を考慮していなくて、相手に断ったり交渉をしたりする余裕を与えていない言い方です。依頼をするときにはより丁寧に聞くようにしましょう。

❷ Won't you...? や Can't you...? は失礼に聞こえる

　依頼をするときにリクエストの形式にすると丁寧だと説明しましたが、「〜していただけませんか？」という日本語を直訳した Won't you...? や Can't you...? だと印象が変わってしまいます。これは「〜してくれないの？」「〜する気はないの？」「〜できないの？」と相手を責めているニュアンスになり、相手は yes か no かを迫られるようで、プレッシャーを感じてしまうためです。日本語の直訳にはこのようなリスクがあるので、気をつけたいところです。

⭕ *Do's*

🔊 Track 2-3

Could you please get back to us by the end of the week?
今週の終わりまでにお返事いただけますか？

Would you please respond to my email?
メールに返信していただけますか？

Could you kindly open the door for me?
ドアを開けていただいてもよろしいですか？

⚠️ *Don'ts*

Won't you respond to my email from yesterday?
昨日のメールに返事をしてくれないのですか？
※「昨日のメールにお返事いただけないでしょうか？」のつもり。

Couldn't you get back to us on the orders?
注文についてお返事いただけないのですか？
※「注文についてお返事いただけませんでしょうか？」のつもり。

❸ want は命令調＆幼稚に聞こえる ◀ Track 2-4

「(何かが) ほしい」ときは I want...、「(何かを) してほしい」ときは I want you to... など、「ほしい」というと want を思い浮かべる方がいるかもしれません。しかし、これは場面によっては命令調で一方的、または幼稚に聞こえる可能性があります。

例えば、上司に I want you to review these slides.（スライドをレビューしてほしい）と言うと命令調になり、不躾です。また、I want more time.（もっと時間がほしい）と言うと、I want candy.（キャンディーがほしい）と子どもがお母さんに言うような幼稚な印象を与えかねません。

I want a reply to my email.
メールの返事がほしい。　　※命令調で不躾かつ失礼です。

want より would でよりビジネスに適した表現に

want を would に変えて、I would (I'd) like to... としても間違いではありませんが、あくまでも主語は "I" であり、「自分中心」であることは変わりません。そこで、より丁寧にするために、appreciate という動詞を用いて「あなたに〜していただけると助かります」という表現にします。

Before
I want to schedule a meeting with you.
ミーティングを設定したいです。

OK
I'd like to schedule a meeting with you.
ミーティングを設定したいです。

After
I would appreciate it if we could schedule a meeting with you.
ミーティングを設定させていただけますとありがたいです。

より丁寧にするには、「〜していただけると助かります」という表現にします。

> I would appreciate it if you could respond to my email.
> メールに返信していただけますと助かります（ありがたいです）。

または、

> Would you please respond to my email?
> メールに返信していただけますか？

または、

> Would you kindly respond to my email?
> メールに返信していただけますか？

want を使ってもカジュアルすぎない表現

一方で、I just want / wanted to というセットフレーズの場合は問題ありません。

> I just want to let you know that...
> お知らせしたいのですが〜
>
> I just wanted to remind you that...
> ちょっとリマインドしたいのですが〜

長くはなりますが、より丁寧にするなら以下のように I'd (I would) just like to を使いましょう。

I'd just like to let you know that...
I'd just like to remind you that...

ただし、上司が部下にwantを使うことはあるかもしれません。

I want you to come to my office NOW!
今すぐオフィスに来なさい！

I want that done by the end of today.
今日までに終わらせてほしい。

○ *Do's*

I would like to schedule a meeting with you.
ミーティングを設定させていただきたいと思います。

I'd like to ask you to approve the purchase of a new projector.
新しいプロジェクターの購入を許可していただけますでしょうか。

I want to schedule a meeting with you.
ミーティングを設定したい。

I want you to approve this budget.
この予算を承認してほしい。

I want you to approve the purchase of a new projector.
新しいプロジェクターの購入を許可してほしい。

⬆️ Stepping Up ——歩上を行く—— 🔊 Track 2-5

☑️ 依頼はリクエスト形式で

　何かを依頼するときは、その内容を一方的に「〜してほしい」と伝えるだけでは上から目線のニュアンスになります。リクエスト形式にして、相手に「〜は可能ですか」「〜していただけますか」と尋ねると、より気遣いの感じられる依頼になります。

I would like to schedule a meeting with you.
+ Would you be available sometime tomorrow afternoon?
ミーティングを設定させていただきたく思います。明日の午後のご都合はいかがですか？　　※この場合は依頼の内容を最初に伝えて、都合を聞いています。

Would you be available to meet with me tomorrow afternoon (to discuss...)?
（〜についてお話しするため）明日の午後お時間はありますか？

Could you please review these slides?
スライドを見ていただけますか？

Would you mind reviewing these slides?
スライドを見ていただけますか？

　まとめると、次のように丁寧さの段階があることを意識するとよいでしょう。

命令調（一方的）

I want you to sign this form for approval.
このフォームに承認のサインをしてほしい。

I would like you to sign this form for approval.
このフォームに承認のサインをいただきたいです。
※会話なら I would を短縮して I'd でもOKです。

I would like to ask you to sign this form for approval.
このフォームに承認のサインをお願いしたいです。

Could you please sign this form for approval?
承認のためにこのフォームにサインしていただけますか？

Would you mind signing this form for approval?
承認のためにこのフォームにサインしていただけますか？

I would appreciate it if you could sign this form for approval.
承認のために、このフォームにサインをしていただけるとありがたいです。

丁寧

丁寧さを調整する

◀ Track 2-7

　こうした丁寧さのニュアンスの違いを理解できると、ちょっとしたお願いから相手にとって負担のかかる難しい依頼まで、場面によって調整できるようになります。

Could you please...?
〜していただけますでしょうか。

I'm sorry to trouble you, but would you please...?
お手数をおかけして申し訳ないのですが、〜していただけますでしょうか?

I would appreciate it if you could...
〜していただけるとありがたく思います。

It would be helpful if you could...
〜していただけると助かります。

Would you mind helping me with...?
〜にご協力いただけますか?

I'd like to ask you to...
〜をお願いしたいです。

Stepping Up ――歩上を行く――

☑ 卒業するべきくだけた表現

会話で wouldn't (would not)、I'd (I would)、can't (cannot) といった短縮形を使用しても、自然に聞こえるので問題はありません。ですが、wanna、gonna などは、ビジネスではカジュアルな印象を与えるので、控えるようにしましょう。

× : wanna (want to) → ○ : would like to

× : gonna → ○ : going to

× : gotta (got to) → ○ : have to

× : needta → ○ : need to

× : 'cuz → ○ : because

× : till, 'til → ○ : until

02 頼みづらいことを依頼する

　誰かにお願いや依頼をするとき、特に以下のような条件が加わると、より相手への配慮が必要です。

- ～までに返事がほしい
- 今すぐに確認してほしい
- (スケジュール的に厳しいが) 何とかお願いしたい

　このような場面では次のことを心がけるようにするとよいでしょう。

The Essentials ―本当の基本―

1. 期限や緊急度を伝えて相手が優先順位をつけやすくする
2. 申し訳ない気持ちを表す言葉を添える

❶ 期限や緊急度を伝えて相手が優先順位をつけやすくする

　こちら側の「緊急案件」は相手にとってもそうとは限りません。"Please do this ASAP!"（できるだけ早くやってください！）と言っても、こちらの都合を一方的に押しつけていると受け取られてしまうかもしれません。一方で、仕事を進めるためには相手にアクションを取ってもらわないといけないこともあります。そのために、明確かつ丁寧に期限や緊急度を伝え、相手が優先順位をつけてアクションを取りやすくするようにします。

緊急度

高い

at your earliest convenience
都合のよい中での早めに、ご都合がつき次第

urgently
早急に　※一方的に聞こえるのでなるべく避けるべきです。

as soon as possible
できるだけ早く　※ASAP (As Soon As Possible) という表現は「早急に」という意味
があり、一方的で命令調です。特に略語は避けたほうが良いです。

as soon as you can
（あなたが）できるだけ早く

soon
早めに

when possible
可能なときに

at your convenience
ご都合のよろしいときに

低い

期限を指定する

◀ Track 2-9

by Friday
金曜までに　　※曜日を入れ替えて日付を指定します。

first thing Monday morning
月曜日の朝一番に

by noon on Friday
金曜日の正午までに

before 3:00 p.m. on Friday
金曜日の午後3時までに

by the end of the day / by EOD
1日の終わりまでに

② 申し訳ない気持ちを表す言葉を添える

　期限が短い、相手に負担がかかるなど、少々無理のある依頼をするときは申し訳ない気持ちを表す表現やクッション言葉を添えてやわらげます。

I'm sorry to trouble you, but would you please help check the stats once more before I submit the report to New York?
お手数をおかけして申し訳ないのですが、レポートをニューヨークに提出する前に統計をもう一度チェックしていただけますか？
※stats＝数字のデータ、統計の"statistics"の省略形。

I'm sorry to rush you, but would it be possible to have you reply by the end of the day?
急がせてしまって申し訳ないのですが、今日中にお返事をいただけますでしょうか。

I'm sorry for the short notice, but...
直前（のご連絡）で申し訳ないのですが...

I'm sorry for the urgent request.
緊急の依頼で申し訳ありません。

I apologize for the tight timeline, but could you please...?
Apologies for the tight timeline, but could you please...?
タイムライン（期限、スケジュール）がタイトで申し訳ないですが、...していただけますか？
※Apologies は I apologize より少々丁寧度が低くなりますが、ビジネスではよく目にします。

I realize that the timing is tight, but we would greatly appreciate your cooperation in meeting this deadline.
緊急で／期限が近く申し訳ございませんが、ご協力いただけますと大変助かります。

We would appreciate your immediate attention to this.
お早めにご対応いただけますと助かります／幸いです。

𑀓 Stepping Up ——歩上を行く——

☑ 期限の延長をお願いする

Would it be possible to extend the deadline until Monday?
月曜日まで期限を延長することは可能でしょうか?

Could I possibly have an extension?
延長をお願いしてもよろしいでしょうか?

I'm afraid I need to ask for an extension for completing the summary.
申し訳ないのですが、サマリーの提出期限を延長できますでしょうか。

I'd like to ask for another day for submitting the report.
レポートの提出にあと1日いただきたいです。

☑ 少し話をしたいとき

Is this a good time to talk?
今お話ししてもよろしいですか?

Would you have a few minutes to talk about...?
〜について少しお話しできますか?

Would you please spare me a couple minutes to discuss...?
〜についてお話しするため少しお時間をいただけますか?

Are you available for a few minutes?
数分ほどお時間はありますか？

Janet, is it ok if I come in?
（個人の部屋を持つ場合はノックをして）ジャネット、入っても良いですか？

Janet, I'd like to ask a quick question. Is this a good time to talk?
ジャネット、手早くお聞きしたいことがあるのですが、今お話ししても良いですか？

I'd just like to confirm something.
ちょっと確認したいことがあります。

I'd like to ask you something [real quick].
[ささっと] 聞きたいことがあります。

Quick question.
ちょっと質問（です）。

※カジュアルな表現になるので、使うのは同僚の間だけなどにするのがよいでしょう。

☑ 依頼を受けるとき

　依頼が来たときに、ポジティブかつ丁寧に返事をすると、相手は「聞いて申し訳ない」という気持ちが軽減され、気持ちが良いでしょう。次のような返事を覚えると便利です。

Certainly.
承知しました。

Sure, I'd be happy to.
もちろん、喜んで。

I'd be happy to take a look.
喜んで見てみます。

I'd be happy to help.
喜んでお手伝いします。

No problem.
もちろん。／問題ないよ。　　※少々カジュアル。

03
角を立てずに催促する

依頼をしてしばらく経っても何も反応がないときは、相手がそもそもメールを見ていない、依頼内容がきちんと伝わっていない、忙しすぎて手をつけていなかったなど、様々なケースが想定されます。こういう場合は、相手を責めることなく、「確実に相手にアクションを取ってもらう、目標を達成する」といった具体的な結果につながるよう催促することが必要です。

The Essentials ―本当の基本―

相手を責めない言い回し

◀ Track 2-11

例えば、翌日のミーティングに必要なスライドを相手が提出していないとき。まだ受け取っていないことを伝えるときは、you didn't submit... と言うと、相手を責めているように聞こえてしまいます。

特に you didn't...（あなたは〜していない）は直接的なニュアンスが強くなってしまうので、次のような表現は避けたほうが良いです。

You didn't submit your slides for tomorrow's meeting.
（あなたは）明日のミーティング用のスライドを提出していない（です）。

You didn't reply yet.
（あなたは）まだ返信していない（です）。

　期限が過ぎた場合も、相手に遅れがあったとはいえ、客観性を保つ表現を使います。相手とのつき合いは今後も続くので、角を立てたり責めたりする言い方は避け、できるだけ次に繋がり、良好な関係を継続できるようなコミュニケーションを心がけたいところです。

⊙ Do's

I'm afraid that the submission is late.
恐れ入りますが、提出が遅れています。

We would appreciate it if you could keep the deadline.
期限を守っていただけますと助かります。

We have not received your slides for tomorrow's meeting.
明日のミーティングのためのスライドをまだ受け取っておりません。

It seems that we have not received your slides for tomorrow's meeting. We would appreciate it if you could get back to us at your earliest convenience.
明日のミーティングのためのスライドをまだ受け取っていないようです。
ご都合がつき次第、スライドをお送りいただけますと助かります。
※It seems...（～のようです）をつけることで、自分の主張というより客観的な事実として「相手が遅れている」ことを伝えることができます。英文では後半のget back to us...の部分に"get back to us with the slides"の意味が含まれます。

リクエスト形式にして、相手に依頼する方法もあります。

Could you please submit your slides for tomorrow's meeting?
明日のミーティングのためのスライドをお送りいただけますか？

△ *Don'ts*

You missed the deadline.
締め切りを過ぎました。　　※相手に。

You didn't meet the deadline.
締め切りを守れなかった。　　※相手に。

You are late.
遅いですね。／遅刻しましたね。　　※相手に。

Do'sで紹介したように客観性を保った表現にしたほうがやわらかく聞こえます。

⋔ Stepping Up ——歩上を行く——

☑「私たち（チーム、弊社）」の "we"

　この we は「私たち（チーム、弊社）」のニュアンスです。ビジネスにおいて、完全に1人で何かを達成するのは難しく、他の人のサポートが大きな力になります。なので、成果について話すときは『私』ではなく、その人たちも含めて『私たち』と言います。おのずと周りもそのことに気づき、今後も一緒に仕事をしたいと思うでしょう。筆者が働いてきた外資系企業では、この "we" の文化が強い印象ですが、それは、何かを達成したとき、相手のリクエストに応じたとき、メールを送るときなど、様々な場面で反映されていました。

The Basics of Making Requests

04
フォローアップで結果につなげる

　英語で仕事をしていると、この follow up（フォローアップ）という言葉は日常的に使います。フォローアップというのは進捗確認や追加をすること、追って何かをすること、相手のアクションをフォローすることを意味し、follow-up email のように形容詞としても使います。

　リマインドと同様に、仕事や依頼を「投げる」だけではなく、「結果」という着地点まで責任を持って追うためにフォローアップが必要となります。

The Essentials ―本当の基本―

① 丁寧なフォローアップで相手のアクションを促す
② フォローアップの段階別にアプローチを変える

① 丁寧なフォローアップで相手のアクションを促す　🔊 Track 2-12

　依頼したことについて、相手から返事をもらい、相手に動いてもらうためにはこのフォローアップがキーになると筆者は仕事を通して学びました。外資系企業に勤め始めた頃は「何度もフォローアップやリマインドをしたらしつこいかな」と気が引けていたのですが、その仕方次第でその後の仕事や結果に違いが出ることを何度も経験しました。

　また、一方的に依頼を相手に投げて、「相手がやってくれているだろう」「わかっているだろう」「リマインドはしつこいと思われるのでこのまま待とう」というのは危険で、お互いのためにもならないということも学びました。実際、相手がメールを見ていない、メールが埋もれてしまった、他の優先順位の高い仕事をしている中で抜け落ちてしまったということは、

よくあることです。

　フォローアップのアプローチは様々ですが、緊急でない場合や相手が他のロケーション（海外オフィス、他部署、外部）にいる場合はメールが多いと思います。その際は次のような文で書き出すとよいでしょう。

I'd just like to follow up on this.
この件についてフォローアップしたいと思います。
※I'd just like to... は「ちょっと〜したいです」のニュアンス。

We'd like to follow up with you on this.
この件につきまして、フォローアップしたいです。

I believe we have not yet received a reply to our email [regarding the contract renewal]. Please let us know if you require more time for review or if you have any questions.
[契約の更新についての] メールへの返信をいただいていないようです。もう少しお時間が必要な場合、またご質問がある場合はお知らせください。

I'm resending this email in case you have not received it.
万が一メールが届いていない場合のために、メールを再送いたします。

I'm resending this email in case you haven't had a chance to read it.
万が一メールをお読みになれなかった場合のために、メールを再送いたします。　※have a chance to.../ didn't (haven't) have a chance to...は、「〜をする機会がある／機会がなかった」という意味です。フォローアップをする際に、did you...?（〜をあなたはやりましたか？）と直接的に問うよりも語調をやわらげることができます。

　ちなみに、筆者がこうしたリマインドやフォローアップをしたときに「わかってるよ！」というような返事がきたことはなく、実際には「メールを

見落としていたよ、ありがとう」や「あれ明日までだった？ ごめん」「リマインダーありがとうございます」といった反応が多く、コミュニケーションが増え、仕事もスムーズに進みました。依頼をしたら、最後までフォローすることに責任を持つのが大切だと学びました。

Thank you for your reminder. I'll get back to you by the end of the day.
リマインダーありがとうございます。今日の終わりまでに返事します。

Thanks for following up. Let me check and let you know.
フォローアップありがとう。確認してお知らせします。

Sorry, I overlooked your email. Let me get back to you ASAP.
すみません、メールを見過ごしていました。早急にお返事します。

Thank you for the reminder. I'll check and circle back to you.
リマインダーありがとうございます。確認して折り返します。

※circle back = 他の人や関係者などと確認して回り戻ってくる、というニュアンス。

また、自分にとって最優先の仕事についての依頼であっても、相手にとってはそうとは限りません。「メールの inbox は他の人の priorities（優先事項）でいっぱいになる」というフレーズをしばしば耳にします。相手には相手の優先順位や都合があります。自分にとっての優先事項や緊急案件を相手に押しつけないことも気に留めておきたいですね。

❷ フォローアップの段階別にアプローチを変える 🔊 Track 2-13

メールで催促をするときは、状況に合わせて催促の段階を分け、適したアプローチを取るとよいでしょう。

軽めに催促する

This is just a gentle reminder.
リマインドいたします。　　※gentle を入れることでニュアンスをやわらげることができます。
「ちょっとしたリマインダーです」というニュアンスになります。

This is a friendly reminder.
リマインドいたします。　　※gentle同様、やんわりとリマインドするときに使えます。この後に、
次のように相手にしてほしいことを改めて簡潔に述べると良いでしょう。

Please get back to us on the below by Friday.
以下（のメールの件）について金曜日までにお返事ください。

Could you please see the details below and get back to us by
Friday?
以下の詳細をご確認いただき、金曜日までにお返事いただけますでしょ
うか？

　既に先方に送っているメールの内容を再送してリマインドする際には、
こうした表現を冒頭に添えると良いでしょう。

This is just a gentle reminder that/about...
〜についてリマインダーです。

I'd just like to remind you that...
〜についてリマインドしたいと思います。

少しプレッシャーを感じさせる催促をする

This is a reminder that the deadline for completing the online training is tomorrow.
オンラインのトレーニングの期限が明日ということをリマインドいたします。

Our records show that you have not completed the online training. Please note that the deadline is tomorrow, and we would appreciate your timely completion.
オンライントレーニングが未完了との記録がございます。期限が明日となっておりますので、期限内に終わらせていただきますようお願いいたします。

強めに催促する

This is a final reminder.
最後のリマインダーです。

We have not received your reply about...
〜についてお返事をいただいておりません。
＋

Could you please update us on the status [of this]?
[この件について] アップデートをいただけますか？

We would appreciate it if you could get back to us at your earliest convenience.
早めにお返事いただけますと幸いです。

We would be grateful if you could please give this matter your prompt attention.
お早めにご対応いただけましたら幸いです。

We would appreciate your immediate attention to this matter.
お早めにご対応いただけましたら幸いです。

　依頼した案件について質問があるかどうかを聞くことで、さりげなくフォローアップすることもできます。相手は、何か不明な点や困っていることがあって返信できていない可能性があります。また、この質問をすることで、相手の状況を知れるきっかけにもなります。

Please feel free to let me know if you have any questions.
ご質問などございましたら、お気軽にご連絡ください。

If you have any questions (or concerns), please (feel free to) let me know.
ご不明な点 (や気になる点) などございましたら、(お気軽に) お知らせください。

If you have any questions, please don't hesitate to let me/us know (anytime).
ご質問などありましたら、お気軽に (いつでも) お知らせください。
※ don't hesitate to... を直訳すると「〜するのを躊躇しないで」の意味で、「遠慮なく〜してください」のニュアンスです。

🛝 Stepping Up ——歩上を行く——

☑ メールの件名を工夫する

　メールで催促する際は、次のように件名を工夫することで相手の目を引いて注目を得るようにしましょう。

予算案 (budget proposal) の提出期限のリマインダーを送る場合

[Due May 23] Budget Proposal

Due May 23: Budget Proposal

[Reminder] Budget Proposal by May 23

Reminder: Budget Proposal Due May 23

By May 23: Budget Proposal

Due May 23 – Budget Proposal (Final Reminder)

Final Reminder: Budget Proposal due May 23

<Please submit> Budget Proposal by May 23

　メールの inbox や通知、プレビューなどで件名が表示されるときに大事な情報がきちんとウィンドウの幅に収まって目に入るように、以下の点を意識します。

・可能な限り短くして内容がわかるように

・期限や日程など重要な情報を先に入れて目立たせる

・「最終リマインダー」で目を引きやすいようにする

・コロン（ : ）、ブラケット（[ ]）を使ってスッキリさせる

・冠詞（the, a）は省き、完全な文ではなくてOK

☑ 相手に合わせてカジュアルな表現でフレンドリーに

　同僚やカジュアルに話せる相手に対しては、次のように少しカジュアルなフレーズを使うと堅苦しくなく、親しみを感じやすくなります。

How are things going with the presentation materials?
あのプレゼン資料 (の進捗)、どんな感じ？

I just wanted to remind you about the due date for that presentation.
あのプレゼンの提出期限についてリマインドしますね。

I'd like to touch base with you on that [presentation].
それについて [そのプレゼンについて] 状況を確認したいです。

※ touch base with [人] / touch base on [事]：状況を確認する・伺うために連絡を取る、取り合うこと

05 効率よくスケジュールを立てる

　ミーティングなどアポイントメントを設定するときにも依頼の表現が応用できます。いきなり "Can we meet?" や "Are you free on Friday?" と聞くのは不躾ですので、相手の都合への配慮を示し、段階的なアプローチやリクエスト形式を用いて予定を立てます。

The Essentials ―本当の基本―

① ミーティングの目的を説明する
② 時間を割いていただけるかを聞く（必要に応じて）
③ 都合をオープンに聞く、または特定の期間・日付の都合を聞く（できるだけ候補日を挙げる）
④ 前向きなひとことを文末に添える

① ミーティングの目的を説明する ◀ Track 2-15

　人によっては、「自分が参加しなくても良いのでは」「自分がadd value（※価値を足す、貢献する）できることはない」と思う場合は参加しないスタンスの人もいます。単に「ミーティングをしたいです」と伝えるだけだと「何のミーティング？」「それ（ミーティングする）必要ある？」と返事が来ることさえあります。そのやりとりにかかるタイムロスを防ぎ、効率よくミーティングの設定までつなげるためには最初の依頼の連絡で目的を伝えると効果的です。

I'd like to schedule a meeting with you to discuss the logistics for the event.
イベントに向けてのロジ（ロジスティックス）についてお話しするためミーティングを設けさせていただきたいと思います。

We'd like to meet with you to go over our proposal for the event.
（私たちが作成した）イベントの企画書についてミーティングを設定したいと思います。

We'd like to have a meeting with you to review our proposal for the event.
イベントの企画書についてお話ししたく、ミーティングを設定したいと思います。

We'd like to discuss the details of the event.
イベントの詳細をお話ししたく存じます。

❷ 時間を割いていただけるかを聞く（必要に応じて） 🔊 Track 2-16

　場合によっては、ミーティングをリクエストする際に「お時間いただけますか？」とひとことはさむと丁寧です。ただし、表現次第では直接都合を聞いても問題ありませんので、❸を参考にしてください。

Would you be available for a meeting next week?
来週、ミーティングをさせていただけますでしょうか。
※ available は予定を立てるときや都合を聞くときによく使う基本の言葉です。Would you be available...? は「〜は空いていますか？／お時間はありますか？」「〜のご都合はいかがですか？」のニュアンスです。

❸ 都合をオープンに聞く、または特定の期間・日付の都合を聞く（できるだけ候補日を挙げる）

　メールの行き来を最小限にしたほうが効率がよく、相手の時間もセーブできます。都合を聞いて、相手から返信が来て、その日は都合がつかないのでまた聞いて、また返信を待って……としていると、双方の時間も手間もかかってしまいます。こちらから日時をいくつか提示して相手に選んでもらいつつ、都合が合わなければこちらで調整して相手に合わせることもできます。

We would like to schedule a meeting with you early next week.
来週の早めのタイミングでミーティングを設定させていただきたく思います。

Could you please let us know your availability next week?
来週のご都合はいかがですか？

Would you be available at any of the following time slots?
以下のご都合はいかがですか？
- April 20 (Wed) 2:00 p.m. – 6:00 p.m.
  4月20日（水）午後2時－6時
- April 21 (Thur) All day
  4月21日（木）終日
- April 22 (Fri) 9:00 a.m. – 12:00 noon, 3:00 p.m. – 5:00 p.m.
  4月22日（金）午前9時―正午12時、午後3時―午後5時

Would Wednesday morning work for you?
水曜日の午前中（のご都合）はいかがですか？

Would Wednesday morning be possible for you?
水曜日の午前中は可能ですか？

Would you be available on Wednesday between 9:00 am and 12:00 noon?
水曜日の午前9時から午後12時の時間帯のご都合はいかがですか？

Would you be available on August 4 (Mon) at 2:00 p.m.?
8月4日（月）午後2時のご都合はいかがですか？

I'm available anytime after three o'clock next week.
来週は3時以降でしたらいつでも空いています。

I'm available anytime on the 4th.
4日は何時でも空いています。

I'm available between 2:00 and 5:00 pm on Friday.
金曜日は午後2時から5時の間空いています。

I'm afraid my schedule is looking tight this month, but I will be available during lunchtime on October 8th.
今月は予定が結構タイトですが、10月8日のお昼の時間は空いています。

カジュアルな場面で期間・日付の都合を聞く

Would you be free for lunch sometime this week?
今週のどこかでランチはいかがですか？

We're going to go out for lunch. Would you like to join?
ランチに行く予定です。ご一緒にいかがですか？

We're going to a sushi place for lunch. Would you care to join us?
お昼にお寿司を食べにいきます。ご一緒にいかがですか？

断るときの表現（カジュアルな場面）

I'd like to join / I'd love to join, but I'm afraid I have another appointment.
（とても）参加したいのですが、残念ながら他の用事があります。

May I take a rain check?
またの機会に誘っていただけますか？　※rain check ＝ またの機会に招待するという
保証、申し出。本来の意味は「雨で中止となった場合の振替券」。

🔼🔼🔼　Stepping Up ——歩上を行く—　　◀ Track 2-17

☑ 相手の都合と合わないとき

　先方が挙げた候補日がこちらの都合と合わない場合は、次のように丁寧な表現で都合がつかないことを伝え、こちらから候補日を提案します。

I'm afraid I won't be available that day [during that time].
あいにくその日 [その時間] は都合がつきません。

I'm sorry, but I have a schedule conflict at that time.
申し訳ございませんが、その時間は他の予定があります。
※ schedule conflict は具体的に言わずとも他の予定があることを表し、頻繁に使われる便利な言葉です。

I'm sorry, but that clashes with another meeting.
すみませんが、他の会議とバッティングしてしまいます。

Unfortunately, I have prior commitments that day.
あいにくその日は他の予定が入っております。

I'm afraid I am out of the office that day.
申し訳ないのですが、その日はオフィスを不在にいたします。　※ out of the office は「オフィスを不在にする」の意味。有給休暇や出張など、出社していないことを具体的に言わずに伝えられます。メールでは "ooo" の略語を使います (初めて見たときは丸が3つ並んでいるように見えて謎でした)。
+
May I suggest next Tuesday?
来週火曜日はいかがですか？

Would you be free next Tuesday instead?
代わりに次の火曜日はいかがですか？

Would next Tuesday at 3:00 p.m. work for you?
次の火曜日の午後3時のご都合はいかがですか？

☑ 予定をキャンセル・変更する

　やむを得ない状況であっても、予定のキャンセルや変更を依頼するのは心苦しいものです。状況を伝え、I'm afraid... などのクッション言葉で申し訳ない気持ちを添えると誠実な姿勢が伝わります。

I'm afraid that the JR Line has stopped and I may be late coming to the office. I will let you know once the train resumes operation and I know my expected arrival time. I'm sorry for the inconvenience.
あいにくJR線が運転見合わせになってしまい、オフィスへの到着が遅れてしまいそうです。運転が再開しましたら、到着予定時間をご連絡いたします。ご迷惑をおかけして申し訳ございません。

We're afraid something urgent has come up and we need to ask if we can reschedule our meeting.
恐れ入りますが、緊急を要することが入ってきてしまい、ミーティングの日程調整をお願いしたいと思います。

Would it be possible to change our meeting from 2:00 p.m. to 4:00 p.m.?
ミーティング（の時間）を午後2時から4時に変更することは可能ですか？

Please let me know if that works for you.
ご都合に合うかお聞かせください。

☑ **メールで伝える場合**

We have a meeting scheduled tomorrow, July 5th, from 3:00 p.m., but I'm afraid that I now have an urgent business trip that I could not avoid. I'm very sorry for the short notice, but would it be possible to reschedule our meeting to the following week, between July 10 and 13? I'd like to accommodate your availability as much as possible for those dates.

I apologize for the inconvenience.

明日、7月5日の午後3時からミーティングを予定しておりましたが、恐れ入りますが、急に避けられない出張が入ってしまいました。急なご連絡で申し訳ないのですが、翌週の7月10–13日に変更させていただけますでしょうか。 その日程につきましては、そちらのご都合にできるだけ合わせたく思います。

ご迷惑をおかけして申し訳ございません。

　相手にこれ以上迷惑がかからないように、都合をできるだけ合わせたいことなどを伝えると良いでしょう。

We'd like to accommodate your schedule as much as possible.
できるだけご都合に合わせたく存じます。　　※accommodate は宿泊施設や建物、乗り物の収容能力を意味しますが、このように「便宜を図る、(人の) 願いを聞き入れる、希望している・必要なものを与える」というニュアンスの使い方もあります。

Best Practices ―現場からのヒント―

☑ 相手先のタイムゾーンに配慮した日時の表記をする

　電話会議やビデオ会議で相手が他の地域にいる場合は、次のように タイムゾーンや時間の表記方法を意識しましょう。

EST 　（Eastern Standard Time ＝ 東海岸時間）
2:00 p.m. HKT 　（香港時間 午後2時）

　日本のように14:00や20:00と24時間形式で表記しない国や地域もあるため、2:00 p.m. や8:00 p.m. など明確に表記します。例えば、8:00とだけ伝えても、「どのタイムゾーンか」「朝の8時か、夜の8時か」が明確ではないので注意しましょう。

　また、日本では「9/5/2020」を「2020年9月5日」と読みますが、国や地域によっては「2020年5月9日」と読みます。国や地域によっては、スラッシュ（/）の最初に来る数字を「月」ではなく「日」として読むのです。ですので、間違いがないように文字でSeptember 5, 2020 (Sept. 5, 2020) や May 9, 2020 と書くことをおすすめします。正確な日程を伝えることは、予定や期限の設定において重要ですので、誤解を招かない書き方をしましょう。さらに、5 Septemberや9 May というように、日にちを最初に書く場合もあります。月が数字ではなく言葉で書かれているので間違いの恐れはなくなります。

☑ **commitment という言葉でプロフェッショナルな ニュアンスに**

約束や予定があることを相手に伝えるときに、commitment という単語が活躍します。この commitment は約束ややらなければいけないこと、責任などを意味します（ちなみに予定についての話では「約束」の直訳とされることの多い promise は使いません）。

例えば、家族との予定があって職場の人のお誘いを断らなければならないとき、I have plans with my family. ／ I have family plans on Friday. と言うよりも I have a family commitment. と言うほうがプロフェッショナルでスマートです。

family plans というと、「家族と映画を見に行く予定」や「家族との夕食の約束」などを連想させます。一方で、family commitment は「家族の用事全般」を指します。実際には、授業参観、お見舞い、あるいは法事の可能性もあります。いずれにせよ、詳細まで伝えなくても「参加すべき家族の用事である」ことが一言で伝わる便利なフレーズです。

例えば、次のような場面でも使うことができます。

☑ **飲み会の誘いを断る**

I'm afraid I'm not able to join due to family commitments.
残念ですが、家族との先約があるため参加ができません。

I'm afraid I am unable to attend due to prior commitments.
あいにくその日は先約があるので出席できません。

❹ 前向きなひとことを文末に添える ◀ Track 2-19

I look forward to hearing from you.
お返事をお待ちしております。
※この場合の look forward は「楽しみにしている」という意味ではありません。

We hope that this schedule works for you.
スケジュール（ご都合）が合うと良いです。

We look forward to meeting with you soon.
近々お会いできるのを楽しみにしております。

👣 Stepping Up ——歩上を行く—— ◀ Track 2-20

☑ 招待するときの表現

　ランチやイベントに誘う際にも、相手によって表現の仕方を調整することが重要です。招待に関して日常的によく使われる表現を、以下の通り具体的に挙げてみました。

ランチの誘い

Would you be available for lunch this Friday?
今週の金曜日、ランチへ行きませんか？

Would you be free for lunch sometime this week?
今週（のいつか）ランチはいかがですか？

Are you free for lunch sometime this week?

今週（のいつか）ランチに行かない？　※カジュアルな表現です。

Should we go grab some lunch?

ちょっとランチ食べに行こうか？　※カジュアルな表現です。

※grabは「つかむ」という意味なので、その雰囲気通り「ちょっと食べる」ニュアンスです。

フォーマルなイベントへの誘い　※メールでよく目にする表現です。

You are cordially invited to a Welcome Luncheon on Friday, September 14.

9月14日（金曜日）のウェルカム・ランチョンにご招待いたします。

※luncheonは「昼食会」など、lunchよりも少しかたいニュアンスで、フォーマルなイベントを指します。　※cordially＝心から、心を込めて

We would be delighted if you could join the Year-End Cocktails on Friday, December 15.

12月15日（金曜日）の年末のカクテルパーティーにご参加いただけると幸いです。

※Cocktailsは、アルコールなどの飲みものや軽食が提供される立食パーティーを指します。

We are delighted to invite you to a special lecture by John Simmons, CEO of ABC International, on July 3rd, 2019.

2019年7月3日に開催するABCインターナショナルCEOのジョン・シモンズによる特別講演へご招待いたします。

招待状や招待メールでよく見るフレーズ・単語

Please RSVP by April 30th.

4月30日までにお返事ください。　※フランス語の "répondez s'il vous plaît." （お返事をお願いいたします）の頭文字をとったもので、受け取った人は期日までに出欠を連絡します。

Please note that seating is limited.

お席には限りがあります。

Please note that prior registration is required.

事前登録が必要です。　　※Please note that... はメールでもよく見るフレーズで、「なお、〜

ということをご留意ください」という意味合いで使われます。

Participants will be determined on a first-come-first-served basis.

参加者は先着順にご案内いたします。

Participants will receive an official invitation by email.

参加者には正式な招待状をメールにてお送りいたします。

Review Dialogue 2-1 復習ダイアローグ 2-1

● Scene: ケビンさんが美香さんに、クライアントとのミーティング設定を依頼しています。

● A = Kevin Phillips (上司)　B = 田中美香　クライアント = Mr. Smith

A : By the way, did you have a chance to check up on Mr. Smith's availability for the meeting to go over the project proposal? ❶

B : Yes, he's available Wednesday afternoon.

A : Great. In that case, could you please schedule a meeting with him at his office at two p.m.? ❷

B : Certainly.

A : Thank you. Also, I've got another favor to ask. Could you also see if he's available for another meeting later this month? ❸ Steven would like to meet Mr. Smith since he's new to the firm and would like to meet all our key stakeholders.

B : Sure, I will do that.

A : Thank you. I'm sorry to rush you, but it would be helpful if you could confirm his schedule by the end of the day. ❹

Later

A : Hi Mika, thank you for scheduling the meeting with Mr. Smith.

B : My pleasure.

A : Sorry to trouble you, but would you mind helping me with something else in preparation for the meeting? ❺

B : I'd be happy to help.

A : Thank you. Could you please print out three sets of the proposal document, double-sided and stapled? Black and white is fine. I'll send you the PDF shortly.

A：ところで、企画の提案についての打ち合わせの件ですが、スミスさんの都合を聞くことはできましたか？ ❶

B：はい、水曜日の午後なら都合が良いそうです。

A：そうですか。では、水曜日の午後２時にスミスさんのオフィスにて設定していただけますか？ ❷

B：承知しました。

A：ありがとうございます。あと、もう１つお願いしたいことがあります。今月中にもう一度打ち合わせが可能かということも、先方に確認していただいても良いですか？ ❸ スティーブンが入社したばかりで、重要なステークホルダーの方々全員とご挨拶したいそうです。

B：はい、もちろんです。

A：ありがとうございます。急がせてしまって申し訳ないですが、今日中にスミスさんのスケジュールを確認してもらえると助かります。❹

後日

A：美香さん、スミスさんとのミーティングを設定してくれてありがとうございました。

B：とんでもないです。

A：お手数なのですが、ミーティングに向けて１つお手伝いいただけますか？ ❺

B：はい、喜んで。

A：ありがとう。企画書の書類を３セット印刷していただけますか？　両面印刷でホチキス留めしてください。白黒で大丈夫です。この後すぐにPDFをお送りします。

Key Takeaways　復習ダイアローグ2-1のポイント

❶ 丁寧なフォローアップで相手のアクションを促す ⇨p. 87

　　ケビンさんは、美香さんにスミスさんとミーティングをするためにスミスさんの都合を確認するようにお願いしていましたが、彼女から報告が無かったため、さりげなくフォローアップして確認しています。By the way というつなぎ言葉を使うことによって、前の話から話題が変わることを示し、直接的に「あの件どうだったの?」と聞かず、ワンクッション置く役割にもなっています。また、Did you have a chance to...? という表現は「〜する機会はありましたか?」というニュアンスで、不躾ではなく丁寧に聞いています。

❷ 「please + 動詞」は依頼というより命令調に聞こえる ⇨p. 62
Won't you...? や Can't you...? は失礼に聞こえる ⇨p. 68

Please schedule a meeting with him at two p.m.

Won't you schedule a meeting with him at two p.m.?

　　丁寧になると思い、上記のように文頭に please をつけた「please + 動詞」形式にしたり、日本語の「〜していただけませんか?」のような否定形のリクエスト形式にしたりして依頼をする表現を使っている方がいるかもしれません。しかし実際には、前者は命令調で一方的で、相手に選択肢や断る余地を与えていません。後者は相手を責めているニュアンスになります。こういうときはケビンさんのように、Could you please...? とリクエスト形式にすると、相手には負担がかからず、断れる余裕もあり、丁寧です。

❸ 「please ＋動詞」は依頼というよりは命令調に聞こえる ⇒p. 62

　　一方的に依頼をするのではなく、リクエスト形式で聞くことで相手に気持ちの余裕を与えています。実際には「ダメです」とは答えにくいですが、このようなひとことがあるのとないのとでは印象が変わります。ここでは、追加の依頼があったので、まず I've got another favor to ask. と前置きをしてから Could you...? とリクエスト形式で依頼をしています。

❹ 期限や緊急度を伝えて相手が優先順位をつけやすくする ⇒p. 77
　　申し訳ない気持ちを表す言葉を添える ⇒p. 79

　　ケビンさんは、追加の依頼（もう1つのミーティング）をして、それを急ぎで確認してもらうことを申し訳なく思っています。それが、I'm sorry to rush you, but... (急がせてしまって申し訳ないのですが) という言葉を通して伝わります。また、it would be helpful if you could... と、相手が依頼に対応してくれると助かると伝えているところにも、相手の目線に立つことを意識し、思いやる気持ちが感じられます。

❺ 申し訳ない気持ちを表す言葉を添える ⇒p. 79

　　依頼をする前に美香さんに感謝を伝え、ポジティブにコミュニケーションを始めています。上司と部下の信頼関係や敬意を示し合う関係性も見えます。スミスさんとのミーティングに向けて準備のお願いをしているのですが、(I'm) Sorry to trouble you... のクッション言葉を添えて、Would you mind...? (〜していただいてもよろしいですか？／差し支えないでしょうか？) という丁寧な表現を使っています。

　　このやりとりの中で、美香さんの返事の仕方（Certainly. Sure, I will do that. My pleasure. I'd be happy to help.）が丁寧なのもポイントです。OK. や yeah よりも丁寧で洗練された印象になります。

Review Dialogue 2-2 復習ダイアローグ 2-2

●Scene: 片瀬さんが上司に締め切りの延期をお願いしています。

●A = 片瀬太郎　B = Jake Miller (上司)

A : [Knocks on door] Hi, Jake. Do you have a few minutes to talk? ❶

B : Hi Taro. Come on in.

A : Thank you. I've been focusing on the presentation material that you had asked me to put together by Thursday.

B: Right, the PowerPoint deck to show at our client meeting next Tuesday.

A : Yes, that one. I'm afraid I've just received an urgent request from Fiona from the Finance Department in Hong Kong to get back to her by the end of the day on Wednesday. ❷

B : I see. What is she requesting?

A : She has asked for some stats on this year's transactions for the Tokyo office. Apparently, she is presenting at a global call on Friday and is collecting this information from all APAC locations.

B : Right. I now recall that there's a call and she's presenting on behalf of APAC.

A : Yes. Would it be possible to extend the deadline for your request to Friday? ❸ I'm sorry, I tried to plan ahead but I'm afraid I didn't have enough buffer to work on something with a fast turnaround time.

B : Hmm. I understand the urgency of Fiona's request, but I also need to have the presentation materials to review. Then I'll run them by Sugimoto san before the client meeting on Tuesday.

A : Yes...

A：［ノックする］ジェイクさん、（hi ＝ この場合「お疲れさまです／失礼します」のような意味）今お話しするお時間はありますか？ ❶

B：どうぞ、太郎さん。入ってください。

A：ありがとうございます。木曜日までに提出をご依頼いただいていたプレゼンテーション用の資料にフォーカスしていました。

B：はい、次の火曜日のクライアントミーティングでお見せするパワーポイントのスライドですね。

A：はい、それです。あいにく、たった今香港（オフィス）のファイナンス部のフィオナから水曜日の終わりまでに提出しなければいけない緊急の依頼がありました。❷

B：なるほど。何の依頼ですか？

A：東京オフィスの今年のトランスアクションについてのスタッツ（統計、数字）です。金曜日にグローバルコールで発表をするとのことで、APACの全店舗から情報を集めているそうです。

B：そうでした。コールがあって彼女がAPACを代表してお話しするというのを思い出しました。

A：はい。ですので、ご依頼いただいたものの提出期限を金曜日に延期することは可能でしょうか。❸ すみません、できるだけ前もって計画していましたが、緊急なリクエストを受けられるような余裕がありませんでした（turnaround time ＝ プロセスやリクエストを完了させるための時間、折り返しのための時間）。

B：そうですね…フィオナのリクエストに緊急性があるのもよくわかります。でも、お願いしていた資料を火曜日のクライアントミーティングの前にレビューして杉本さんにチェックしてもらわないといけません。

A：そうですね…

B : Perhaps we can ask Jonathan to take on gathering the stats for Fiona, and have you doublecheck and get back to her. I believe he has some time in his schedule for that today and tomorrow, and that will free up some time for you to focus on getting the presentation done.

A : That would be really helpful. Thank you.

B : Not at all. Thank you for letting me know in advance. <u>I will give Jonathan a heads-up now, so it would be great if you could speak with him about the details as soon as possible.</u>❹

A : Certainly.

B：ジョナサンにフィオナのための数字を集めるところをお願いしましょうか。そして太郎さんがダブルチェックしてフィオナに返事をするのはどうでしょう。彼は今日と明日はスケジュールに少し余裕があるはずだし、そうすれば太郎さんは資料作りにフォーカスするための時間ができますね。

A：それはとても助かります。ありがとうございます。

B：いえいえ。前もって知らせてくれてありがとう。このあとすぐにジョナサンにヘッズアップ（事前の連絡）をしておくので、できるだけ早く彼に詳細を話していただけたら助かります。❹

A：承知しました。

Review Dialogue 2-2　復習ダイアローグ 2-2

Key Takeaways　復習ダイアローグ2-2のポイント

❶ 少し話をしたいとき ⇒ p. 81 (Stepping Up)

　　片瀬さんがジェイクさんに相談にいく際、個室のオフィスにいるためドアをノックして声をかけます（ドアが開いている設定です。電話や、訪問者がいて個人的・コンフィデンシャルな話をしてない限りドアを開ける方が多い印象です）。ドアが開いていてもノックし、話をする時間があるか、都合が良いかを聞いています。

❷ 申し訳ない気持ちを表す言葉を添える ⇒ p. 79

　　片瀬さんはジェイクさんにとって良くないことを伝えないといけないので、I'm afraid... というクッション言葉でその「衝撃」をやわらげています。また、言いにくいことを伝えるために最初に状況を手短に説明して、ジェイクさんが一度肯定する場面を作り、その後に問題点を伝えています。

❸ 「please + 動詞」は依頼というより命令調に聞こえる ⇒ p. 62
Won't you...? や Can't you...? は失礼に聞こえる ⇒ p. 68

　　期限を延期してほしいという要望を伝えるために、一方的にお願いするのではなく、延期するのが可能かどうかを聞く形式をとっています。それにより、相手に考える・断る余地が与えられます。

❹「please ＋ 動詞」は依頼というより命令調に聞こえる ⇨ p. 62

Won't you...? や Can't you...? は失礼に聞こえる ⇨ p. 68

want は命令調＆幼稚に聞こえる ⇨ p. 69

期限や緊急度を伝えて相手が優先順位をつけやすくする ⇨ p. 77

　できるだけ早くジョナサンと話してほしいことを it would be great if you could... という表現で、押しつけないように伝えています。一方的な表現を使うなら、Please do this ASAP. や I want you to do this as soon as possible. のようになるでしょう。一方で、ジェイクさんは上司の立場でも I want you to... のような命令調ではなく丁寧な表現を使っています。

Phone Calls

The Basics of Emails and

Chapter 3

メールと
電話の基本

01 コミュニケーションツールを うまく使い分ける

コミュニケーションをとるためのツールは多様化し、メール、電話のみならず、社内チャットを使う企業や組織もあります。相手や状況、緊急性によって適したツールがあるため、その都度最適なツールを選ぶことが仕事やコミュニケーションに影響します。

The Essentials ―本当の基本―

電話とメールをうまく使い分ける

「英語に自信がなく、電話で直接話すよりも間違いのないように文面を確認してから送信できるメールの方が安心」と思われる方もいるかもしれません。

筆者も「忘れないように」「後で読み返せるように」と、連絡事項や依頼など、小さなこともメールで連絡する傾向がありました。ところがあるとき、クライアントに何かを催促する必要があり、「リマインダーのメールを送っておきます」と上司に言ったとき、上司に "Just pick up the phone!"（受話器を取って = 電話して）と言われました。これは上司の言う通りでした。こういう場合は、メールよりも電話のほうがお互いの時間をセーブでき、確実に相手にメッセージを伝えられてアクションを取ってもらえる可能性が高まり、仕事の目的達成に直結するのです。

以下のポイントを参考にして、その都度適したアプローチを考えてみてください。

まず検討するポイント

- コミュニケーションの目的や達成したいことを考える（フォローアップ、リマインダー、質問、確認、依頼、価格交渉など）
- コミュニケーションの性質を考える（緊急性のある連絡か、コンフィデンシャルな内容か）
- 相手の好みを知る（電話で仕事を中断されるのを嫌う人、チャットを好む人など）
- 時差や相手のスケジュールを考える（タイムゾーンの違い、午前中のマーケットが開いている時間帯は対応不可〔金融企業の場合〕など）

メール

- 相手が仕事中の時間帯や、時差のある場所に連絡する
- スケジュールや日程調整に関する連絡をする（日程を確認してから返事をする時間の余裕ができる）
- 資料を送付する
- 議事録、スタッツ（数字、統計）、プロジェクトのアップデートを送る
- 承認などの記録を残す、あるいは記録して転送や保管する必要がある
- 転送や拡散が可能
- 同時に複数人に連絡が可能
- 相手の都合の良いときに返事が可能

メールで注意すること

- 複雑なコミュニケーションには不向き
- 相手が読まない可能性がある、送っただけで「伝えた」という気になりがち
- 時差によっては相手が勤務時間外にメールを受け取ることになり、inboxの下のほうに埋まってしまう
- トーンが伝わらず、誤解を招くリスクがある
- 返信が質問の答えになっていないときや必要な情報が得られないときなどはやりとりが長引き、非効率的

電話

- 緊急の連絡事項
- 話しながらアイディアを投げ合う
- 方針決めや複雑な内容を話し合う・相談する
- クライアントを説得したい
- 資料の詳細を説明する
- 感謝の気持ちを直接伝える
- 人間関係の構築を深める
- その場で反応できる／相手の反応を窺いながらやりとりが続けられる

電話で注意すること

- 仕事が中断される
- 静かな環境が必要（騒がしいと複雑な話が伝わりにくく、内密にしておきたい事項に触れられない）
- 電話を好まない・苦手とする人がいる
- 秘書やアシスタントを通す必要のある場合もある

02
プロフェッショナルなメールを書く

「そのメールが翌日の新聞の一面に掲載されても恥ずかしくないように」。最初の会社で働き始めた頃、上司に言われてハッとした言葉です。新入社員や転職したての社員、派遣社員や契約社員であっても、メールを受け取る相手は送信者を会社の代表として見なします。そして、メールは他者に転送されたり、拡散されたりする可能性もあります。サッと手軽に送れるメールですが、先の上司の言葉をぜひ意識し、その都度内容と文面の両方に気をつけましょう。

The Essentials ―本当の基本―

1. 件名は内容が一目でわかるように
2. 宛名は相手や相手との関係性によってカスタマイズする
3. 「お世話になっております」の直訳はない
4. 本文は簡潔に、かつ明確に
5. 記号に注意
6. 読みやすい段落構成にする
7. 最後の1文はポジティブで親しみやすい印象に
8. 結辞は場面によってカスタマイズする
9. 署名は名前から

① 件名は内容が一目でわかるように

　件名が本文を読むかどうかを左右するとも言えます。メールの inbox の
プレビューや通知に表示される件名を一目見て、相手がメールの内容や重
要事項、「なぜそのメールを読むべきか」までわかるように工夫が必要です。

　以下の点を意識するようにし、例を参考にしてください。

- 内容を反映する。内容に合わせて Update, Action Required, RSVP など
  のキーワードを使う
- 「アクション」（動詞）「日付」「目的」などの重要情報を入れる
- プレビューや通知で見えるように短くシンプルにし、重要なことは表示
  される部分の幅にフィットするように左に入れる
- 冠詞（a, the）は省き、完全な文法や文でなくて良い
- 「：」（コロン）や「-」（ハイフン）などの記号（半角英数）を入れて見
  やすくする
- "Urgent"（緊急）、"Attention"（注目／注意）などのキーワードや大文字、
  「!」は避ける（迷惑メールやスパムだと判断される可能性があるため）
- 件名および本文では all caps（全部大文字）は使わないようにする（叫
  んでいるような印象になり、スパムと見られる可能性もあるため）

メールの件名Before & After

Before

The Budget Proposal is due on May 20
予算案の提出期限は5月20日です

After

Due May 20: Budget Proposal
提出期限5月20日：予算案

> ポイント the, is, on を省き、重要な日付がすぐに目につくように左に持っていきます。コロン（:）で区切れば is を省いて不完全な文になっても伝わります。このように、同じ内容でも工夫次第で見やすくなります。

Before

Please confirm that your emergency contact information is updated
緊急連絡先が更新されていることをご確認ください

OK

Please Confirm: Emergency Contact Information
ご確認ください：緊急連絡先

Better

[Action Required] Emergency Contact Update
[アクション必須] 緊急連絡先更新

> ポイント ブラケット（[ ]）で注意を引き、簡潔なので「何が必要か、何に関してのメールか」が一目瞭然です。　※ブラケットを使用する際、半角英数であることを確認してください（日本語の全角だと文字化けする可能性があります）。

Request for a meeting to discuss the project proposal
企画案について話すためのミーティングの依頼
Meeting Request—Project Proposal
ミーティングの依頼—企画案

ポイント 文ではなくコンパクトにまとめています。このように、文法的に完全でなくても伝わるので、件名はこれで問題ありません。ちなみに、メールの件名の場合はダッシュ（英語では em dash）の前後のスペースの有無のルールは特にありません。

Please review the draft of the presentation
プレゼンテーションのドラフトをレビューしてください
Please Review: Presentation Draft
レビューの依頼：プレゼンテーションドラフト

ポイント "Draft of the presentation" を "Presentation Draft" と短縮しています。このように完全な文や正確な文法である必要はありません。

Before (OK)

Thank you for your assistance
ご協力（お手伝い）いただきありがとうございます

Better

Thank you — Volunteer Activity
ありがとうございます ― ボランティアアクティビティ

> ポイント　ボランティアアクティビティでのサポートに対する感謝のメールです。OK の例でも良いですが、何のためのお礼かが一目でわかる後者のほうが良いです。また、文にせずダッシュ（―）を使ってコンパクトにまとめています。

Before

Question regarding the payment process
お支払い方法についての質問

After

Inquiry: Monthly Invoice Payment
お問い合わせ：各月請求書支払い

> ポイント　件名で質問についてのメールということが一目でわかります（この場合 "Question" でも問題ないです）。また、「毎月の請求書のお支払い」と具体的に明記しているところも良いポイントです。

Invitation to the New Hire Luncheon
新入社員のランチ会へのご招待

[Invitation] New Hire Luncheon
[招待] 新入社員ランチ会

> **ポイント** ブラケット（[ ]）が入るとプレビューで目につきやすく、"to" "the" がなくなるだけですっきりして見えます。"Oct. 8 New Hire Luncheon" のように、日付を入れても具体的で良いでしょう。

Please Complete: Mandatory Online Compliance Training
完了してください：必須のオンラインコンプライアンストレーニング

Due June 20: Mandatory Online Compliance Training
6月20日期限：必須オンラインコンプライアンストレーニング

By June 20 — Mandatory Compliance Training
6月20日までに — 必須コンプライアンストレーニング

[Action Required] Mandatory Compliance Training by June 20
[アクション必須] 必須コンプライアンストレーニング6月20日まで

[Mandatory] By June 20 — Compliance Training
[必須] 6月20日までに — コンプライアンストレーニング

> ポイント OK の例は見やすくて丁寧ですが、重要度が高いため、Better の例では重要なキーワードの Mandatory（必須）を入れて注意を引きます。

Before

Please confirm your participation in the Lunch & Learn session with the CFO

CFOとの「ランチ＆ラーン」セッションへのご参加をご確認ください

After

RSVP by Apr. 5 ― Lunch & Learn with the CFO

RSVP 4月5日までに―CFO とのランチ＆ラーン

> ポイント RSVP はフランス語の "répondez s'il vous plaît" に由来し、出席の有無の確認のため「お返事をお願いします」という意味で使われます。RSVP を使うことで Please respond by... や Please confirm by... が省けます。結婚式やパーティーへの招待状にも "Please RSVP" と記載します。　　※lunch and learn (session) = 昼食をとりながら行うインフォーマルなラーニング／トークセッション。よく会社や部署などのシニアな人がメインで話し、質疑応答などができます。

Announcement

告知

Oct. 22: Tokyo Office Closed (National Holiday)
10月22日：東京オフィス閉業 (祝日)

> ポイント 「告知」では何も伝わりません。同様に request, question, greetings, invitation など単語ひとつだと詳しい内容が伝わらないので具体的にしましょう。

❷ 宛名は相手や相手との関係性によってカスタマイズする

宛名は、相手との関係や状況、社内か社外か、会社の正式・非正式のルール、個人のスタイルなどによって形式が異なります。基本的には、次のパターンが使われます。

> Dear + 敬称 + 姓 + カンマ
> Dear + 名 + カンマ
> Hi + 名 + カンマ
> 名 + カンマ

Dear

会社や組織、個人のスタイルによるかもしれませんが、一般的にDearを使うとフォーマルな印象になります。クライアントや社外の方宛てのメールでは、以下のように名前の前につけます。

Dear Mr./Ms. [名字],

Dear [名前],

筆者が外資系企業に勤め始めた頃は「手紙ではないからDearはいらない」と上司からアドバイスをいただき、実際に社内で受け取るメールにはDearから始まるものはほとんどありませんでしたが、社外の方からのメールでは見ることがありました。社内外から来るメールのスタイルに注目して合わせるのが良いでしょう。

Hi
Hello

Hiはフレンドリーなニュアンスですが、ビジネスのメールでも使います。社外の方の場合は相手との関係性によって使い分けたほうがいいです。例えば、普段から少々カジュアルに接する人の場合はHiを使って問題ありません。一方で、目上の人やクライアントの場合はDear, Hello（Hiより少々かしこまったニュアンス）、または名前だけの宛名を使います。

Dear all,

　複数人宛ての場合は連名にするか、多い場合はDear allにします。決まったルールはないですが、目安としては2、3名までは名前を書き出し、それより多くなる場合はDear allが良いでしょう。

　ただ、Dear allだと宛先がはっきりしないので「マスメールだ（自分は関係ない）」ととらえられて読まれなかったり、パーソナルではなく事務的な印象になったりすることもあるので、できるだけ名前を使うことをおすすめします。

To whom it may concern,

　関係者各位。相手の名前がわからないときに表記することがあります。これは総称なので、調べられる場合はより具体的な宛名にしましょう。例えば、人事部の採用者にメールを送る場合、今までのやりとりでその人の名前がわかれば名前を使い、わからなければウェブサイトに掲載されていないかを確認し、それでもわからなければ To Hiring Manager（人事部採用ご担当者様）などとします。

敬称

Mr. ／ Ms.

　こうした敬称を入れると丁寧ですが、相手との関係や状況にもよります。相手がクライアントの場合は「敬称 + 姓」で統一。女性の場合は未婚・既婚の区別のないMs. が無難です（最近は既婚の女性宛てのMrs. はほとんど見ることがありません）。

Dr. ／ Prof.

　相手が医師や博士、大学教員などでDr.（博士）あるいはProf.（教授、准教授、講師など）の敬称がつく場合は必ず使用します。

[名前] san ／ [名前]-san

　相手が日本語で「〜さん」と呼ぶことを知っている場合は、日本語の名

前をさんづけで呼んだり宛名に書いたりします。筆者が今まで働いてきた
職場でも、ニューヨークやアジア圏の方も Maya san / Vardaman-san な
どと呼んでくださることがあります。

❸「お世話になっております」の直訳はない

　よくメールの書き出しについて「いきなり本題に入っても良いですか？」
という質問を受けますが、基本的には問題ありません。時候の挨拶や「○
○会社の○○です」と毎回名乗ることは不要で、「お世話になっております」
の直訳も習慣もありません。人によっては簡潔で必要最低限のメールを好
むので、そういった場合は、すぐに本題に入ったほうが良いと思われます。
ただし、直接内容に入ったとしても、直接的で不躾すぎないことに気をつ
け、用件がわかるようなひとことで始めると良いでしょう。また、I hope
this (email) finds you well. や、I hope all is well. という書き出しを見るこ
とがあります。「お元気にお過ごしでしょうか」「お変わりないでしょうか」
といったニュアンスで、「お世話になっております」の代わりに一行入れ
たくなる方が使うこともあるようです。しかし実際のところは、これを省
いても問題ありません。

初めての相手へメールを送る

My name is Keiko Matsuda, Senior Sales Associate at XYZ
Incorporated, and I was referred to your company by Mr.
Akira Kobayashi of ABC Corporation.
XYZ会社シニアセールスアソシエイトの松田恵子と申します。ABC会社
の小林章様に貴社をご紹介いただきました。

My name is Koji Bandai from KDK Corporation. I found your website through an internet search, and would like to know more about your services.

KDKコーポレーションの萬代浩二です。インターネットの検索で御社のサイトを発見し、御社のサービスについて詳細をお伺いしたくご連絡いたしました。

I was introduced to your services by Ms. Ami Tsukino of TK Consulting.

TKコンサルティングの月野亜美様に御社のサービスをご紹介いただきました。　※2文目に使われます。

We would like to invite you to the "Asia Engineers Summit" on Wednesday, July 1.

7月1日（水）開催の「アジアエンジニアサミット」にご招待いたします。
※2文目に使われます。

相手に返信する

Thank you for your email.
メールありがとうございます。

Thank you for your reply.
お返事ありがとうございます。

Thank you for contacting us.
ご連絡いただきありがとうございます。
※us＝会社やチームの代表として返事をしているニュアンス。

Thank you for your inquiry.
お問い合わせいただきありがとうございます。

Thank you for your interest in our services.
弊社のサービスにご興味を持ってくださりありがとうございます。

Thank you for reaching out [to us].
ご連絡いただきありがとうございます。

※少しカジュアルですが、"reach out" を「連絡する」というニュアンスで使うのをよく見ます。特に普段あまりやりとりのない人に何かを聞いたり、コンタクトを取るときに使われる印象です。こちらに関しては、あまり好ましくないと感じる人もいるので気をつけましょう。

問い合わせる

I'd like to ask about...
〜について質問があります。

I have a few questions regarding...
〜についていくつか質問があります。

I'd like to ask for more information about...
〜について詳細をお聞きしたく存じます。

リマインダーを送る・催促する

I'd just like to remind you (that) ...
（〜について）リマインドいたします。

This is just a friendly reminder that...
〜について念のためのリマインダーです。　　※friendly を足すことで軽めでフレンド
リーなニュアンスが加わります。gentle reminder と言うこともあります。

情報をアップデートする

This is to update you on...
〜についてアップデートいたします。

I'd just like to update you that...
〜ということをアップデートいたします。

This is an update that...
アップデートをお伝えしますが…

④ 本文は簡潔に、かつ明確に

　筆者の経験上、日本語のメールではイントロダクションや経緯などの説明から始まり、伝えたいメッセージや結論、依頼などが後に来ることが多い印象です。一方で、外資系企業では、メールは clear and concise（明確かつ簡潔）である傾向にあり、内容や結論が最初に示されることが多いです。「このメールのポイントは何？」とならないように、相手目線に立ってメッセージの伝え方を工夫します。

例1 ミーティングの依頼

Before

Dear Mr. Gallagher,

I hope this email finds you well. It was nice seeing you at the networking session last month.

As you probably know, our contract expires on May 31, and it needs to be updated. I am aware that there have been a few changes in your policies regarding cancellation fees. At this point in time, we think it would be best to talk about the details in order to reach agreement on the changes that will be made.

Therefore, we would like to schedule a meeting with you to discuss these details before working on renewing the contract. Can you let me know when you would be able to have a meeting?

It is our hope that we can discuss in detail and reach an agreement for a renewed contract.

Thank you in advance for your time.

Sincerely,
Kana Sakurai

ギャラガー様

お変わりないでしょうか。先月のネットワーキングセッションでお会いできて良かったです。

ご存知かもしれませんが、貴社との契約が5月31日に満了となり、更新が必要となります。貴社のキャンセル料のポリシーに変更があったと存じております。現時点では、詳細についてお話ししてお互いに同意してから変更を加えることがベストかと思っております。

したがいまして、契約を更新する前に詳細についてお話ししたく、ミーティングを設定したいと思います。いつミーティングを設定することが可能か教えていただけますか?

詳細について話し合い、同意した上で契約を更新できると幸いです。

貴重なお時間を頂戴し、(前もって)感謝申し上げます。

櫻井佳奈

After

Dear Mr. Gallagher,

We'd like to schedule a meeting to discuss the details of the contract renewal.

Could you please let me know your availability on May 15, between 2:00 p.m. and 6:00 p.m.? If that day is inconvenient for you, please let us know your availability for the following week.

We look forward to hearing from you.

Best regards,
Kana Sakurai

ギャラガー様

契約書の更新の詳細についてお話ししたく、ミーティングを設定したく存じます。

つきましては、5月15日の午後2時から6時の間のご都合をお知らせいただけますでしょうか。もし当日のご都合がつかない場合は、翌週のご都合をお知らせいただけますと幸いです。

お返事をお待ちしております（よろしくお願いいたします）。

櫻井佳奈

ポイント

- スクロールなしで一覧できる
- 用件が最初にくる
- こちらから日時を提示して、やりとりの回数を削減
- 冗長にならないようにしている（at this point in time, in order to など無駄に長いフレーズを省く）

  ※ Thank you in advance [for...] （[〜について]あらかじめ／前もって感謝申し上げます）という表現を見ることがあります。これはお願いしたことや伝えていることを相手が受け入れると決めつけるようで押しつけがましい印象なので避けましょう。

以降は上記のポイントおよび「メールの基本 The Essentials」の項目に沿った短く簡潔なメール例を紹介します。

例2 問い合わせ

To Customer Sales Representative,

My name is Rei Mizuno from JPN Group, and I was referred to your company by Mr. Richard Taylor of Macintosh Corporation.

We are considering ordering branded stationery from your website. We understand that you offer discount for bulk purchases of over 1,000 items. Could you please send us more information on bulk purchase pricing?

We look forward to hearing from you.

Best regards,
Rei Mizuno
Corporate Communications
JPN Group
03-7777-7777
7-7 Roppongi, Minato-ku, Tokyo 100-0000 Japan

お客様窓口ご担当者様

JPN グループの水野レイと申します。マッキントッシュコーポレーションのリチャード・テイラー様に貴社をご紹介いただきました。

貴社のサイトよりロゴ入りステーショナリーの注文を検討しております。1,000個以上の大口注文に割引が適用されると伺っております。大口注文についての価格の詳細をお送りいただけますでしょうか。

よろしくお願いいたします（意味は「お返事をお待ちしております」）。

水野レイ
広報部
JPN グループ
03-7777-7777
100-0000 東京都港区六本木 7-7

例3 お返事の催促

Hi Jason,

This is just a gentle reminder about the budget proposal.

You had mentioned that you could get back to us with your feedback by Friday, June 12. It is now Monday, and since we haven't heard from you yet, we'd just like to follow up and see if you had any problems or questions.

The proposal needs to be finalized by this Friday, June 19, so we would appreciate it if you could get back to us at your earliest convenience.

Thank you,
Amy

ジェイソン、

予算案についてリマインドいたします。

6月12日（金）までにフィードバックをお送りいただけるとのことでしたが、本日は月曜日で、まだご連絡いただいていないため、フォローアップしたく思います。もし問題やご質問などございましたらお知らせください。

予算案は6月19日（金）までに確定される必要があるため、ご都合がつき次第、ご連絡いただけますと幸いです。

エイミー

例4 日程の変更を依頼する

　急にクライアントとのミーティングが入ってしまい、あらかじめ設定していた社内のミーティングの変更を依頼することがあります。次の事例は、同じ会社の離れたオフィスで働くチームメイトとのやりとりです。ちなみにここで言う「コール」とは、電話のことを指します。外資系企業では、特に別の部署やオフィスの社員と話す場合、電話で話す時間を設定し、「コール」と呼ぶことがあります。

Jesse,

I'm sorry for the short notice, but would it be possible to reschedule tomorrow's call? I'm afraid I now have an urgent client meeting during that time.

I'm available any time after 2:00 p.m. Hong Kong Time on Thursday and all day on Friday.

I'm sorry for the inconvenience.

Kind regards,
Aileen

ジェシー、

直前の連絡で申し訳ないのですが、明日のコールの日程を変更することは可能ですか？ 緊急のクライアントミーティングがその時間に入ってしまいました。

木曜日の香港時間午後2時以降、そして金曜日なら終日空いています。

ご迷惑をおかけして申し訳ございません。

アイリーン

例5 謝罪

Mr. Albarn,

Thank you for your patience regarding the missed payment.

As a result of investigation, we have confirmed that the payment of 500,000 JPY has not been made to your account. We have processed the payment using expedited payment service, and it will be reflected in your account on October 4th (Japan Time).

We sincerely apologize for this delay and inconvenience.

Should you have any questions or concerns, please do not hesitate to contact us at any time.

Best regards,
Shogo Kamiya

アルバーン様

お支払い漏れについてのご連絡お待たせいたしました。

調査いたしましたところ、50万円のお支払いが済んでおりませんでした。緊急送金サービスを利用して送金致しましたので、日本時間の10月4日には貴口座に反映されます。

この度はこのような不備によりご迷惑をおかけしてしまい、お詫び申し上げます。

ご質問や気になる点などがございましたら、いつでもご遠慮なくご連絡ください。

神谷省吾

⑤ 記号に注意

　英語でメールを書く場合は、英語のフォントで統一しましょう。日本語フォントを使うと、相手のパソコンで文字化けする可能性があり（特に海外の地域やシステムの場合）、読みにくくなります。

　日本語のみで使われる記号は避けましょう。

　例：〒、【】、〜、★、『』、◆、○、◎

　特に、件名で注意を引くために隅つきかっこ【　】を使うのを見ますが、こちらも文字化けする可能性があります。以下のように半角英数フォントで統一しましょう。

`Before`
【Oct. 15】Meeting Confirmation

`After`
Oct. 15 – Meeting Confirmation
[Oct. 15] Meeting Confirmation

⑥ 読みやすい段落構成にする

　内容を簡潔にして、形式も工夫し、パッと見てすぐに内容がわかるようにします。ブロックスタイル（左揃えで段落の間に1行分のスペースを空ける）が基本的ですが、パラグラフスタイル（各段落の初めに2-5文字分スペースを空ける）を使用することもあります。

読みにくい例

Hi Kawano san, thank you for time on the phone yesterday. I'd just like to follow up on the two questions that you had on the software. Regarding compatibility, it is currently supported by Operating Systems after OS15.2. For a complete list of the supported systems, please access the following website: https://www.aaaaa. bbbbb.com/software1234/support/5678compatibility_list_complete.123456789101112%..... Regarding the software updates, when you install the software, it will be updated automatically once there is an updated version available. Depending on the update, you may be required to log in again to access the software. I hope that this clarifies things, but if you have any further questions, please feel free to contact me at any time.

河野様、昨日はお電話でお時間をいただきありがとうございました。ソフトウェアについてお問い合わせいただいた2件について、ご回答いたします。互換性については、現在、オペレーティングシステムのバージョンOS15.2以降と互換性があります。互換性のあるシステムのフルリストはこちらのサイトをご覧ください：https://www.aaaaa.bbbbb.com/software1234/support/5678compatibility_list_complete.1234567891011 12%......。ソフトウェアのアップデートについては、ソフトウェアをインストールすると、アップデートがある際は自動的にアップデートされます。アップデートによっては、ソフトウェアを使用する際に再度ログインする必要がございます。こちらにてご不明な点が解消されるとよいのですが、もし他にご質問などありましたらいつでもお気軽にご連絡ください。

読みやすくした例 1

Hi Kawano san,

Thank you for time on the phone yesterday.

I'd just like to follow up on the two questions that you had on the software.

1) Compatibility: The software is currently supported by Operating Systems after OS15.2. For a complete list of the supported systems, please see the Compatibility List.

2) Software Updates: When you install the software, it will be updated automatically once there is an updated version available. Depending on the update, you may be required to log in again to access the software.

I hope that this clarifies things, but if you have any further questions, please feel free to contact me at any time.

Best regards,
Jason Lee

ポイント 同じ内容ですが、ブロックスタイルを使用しており、質問への回答は番号をつけてリスト化していて見やすくなっています。また、ウェブサイトのアドレスをそのまま貼り付けず、サイトのページタイトルにリンクを貼ってすっきり見せています。送信者の名前も忘れずに入っています。

読みやすくした例2

Hi Kawano san,

Thank you for time on the phone yesterday. I'd just like to follow up on the two questions that you had on the software.

- The software is currently supported by Operating Systems after OS15.2. For a complete list of the supported systems, please see the Compatibility List.
- When you install the software, it will be updated automatically once there is an updated version available. Depending on the update, you may be required to log in again to access the software.

I hope that this clarifies things, but if you have any further questions, please feel free to contact me at any time.

Best regards,
Jason Lee

> ポイント　同じ内容ですが、パラグラフスタイルを使用しており、質問への回答は見やすいように bullet points（中点を用いた箇条書き）を使用してリスト化しています。リンクや署名は例1と同じです。

❼ 最後の1文はポジティブで親しみやすい印象に

　最後の1文は挨拶や感謝の意を伝えて親しみやすい印象で締めくくります。日本語で言う「よろしくお願いいたします」の直訳が英語にはないため、相手とやりとりの内容に合わせてカスタマイズします。以下を参考に、次につながる前向きな文で終わらせることをおすすめします。

返事がほしいとき

I look forward to hearing from you.
お返事お待ちしております。
※この場合のlook forward toは「楽しみにしている」という意味ではありません。

I hope to hear from you soon.
直訳：早めのお返事をお待ちしております。
ニュアンス：急かしているわけではなくスタンダードな締めのフレーズです。

I look forward to hearing from you soon.
直訳：近々お返事をいただけるのを楽しみにしております。
ニュアンス：お返事をお待ちしております。

会う約束があるとき

I'm looking forward to seeing you on Friday.
金曜日にお会いできることを楽しみにしております。

I look forward to seeing you at the meeting.
ミーティングでお会いできるのを楽しみにしております。

I look forward to meeting with you.

お会いできるのを楽しみにしております。

※ meeting you = 初めて会うとき

meeting with you または seeing you = 再度会うとき

意見やアドバイスがほしいとき

I would greatly appreciate your advice.

アドバイスいただけますと助かります。

I would greatly appreciate it if you could share your thoughts on this.

この件についてご意見いただけますと幸いです。

Could you please share your thoughts on this?

この件についてのご意見を共有していただけますでしょうか。

It would be helpful if you could advise on the next steps.

次のステップについてアドバイスをいただけますと助かります。

If you have any suggestions, please let us know.

提案などがございましたら、ご教示いただけますでしょうか。

感謝を伝えるひとこと

Thank you for your continued support.

いつもご協力（サポート）いただきありがとうございます。

Thank you again for your help with this project.
このプロジェクトにご協力いただき、重ねて感謝申し上げます。

気軽に質問や連絡をしてもらうためのひとこと

Please feel free to contact me at any time.
いつでもお気軽にご連絡ください。

If you have any questions, please don't hesitate to contact me.
ご質問がありましたら、お気軽にご連絡ください。

If you have any questions or concerns, please let me know.
ご質問や気になる点などございましたら、お知らせください。

⑧ 結辞は場面によってカスタマイズする

　結辞は最後の挨拶として自分の名前の前にカンマをつけて入れる言葉です。フォーマルな場面と、それほどフォーマルではない場面（以下では「フレンドリー」と表しています）で表記方法をカスタマイズします。名前のみを記載する方もいます。

フォーマル

Sincerely,

Best regards,

With regards,

Kind regards,

Warm regards,

Regards,

Best,

Cheers,

フレンドリー

❾ 署名は名前から

　日本語では署名は「会社名、部署名、役職名、個人名」が一般的な順番ですが、英語では順番が逆で「個人名、役職名、部署名、会社名」となることが多いです。この違いを頭に入れつつ、会社や組織の決まったフォーマットがあれば、そちらを使用してください。

Satomi Kishida

Executive Director

Finance Department

ABC Holdings

Phone: +81-(0)3-1111-2222

Marunouchi, Chiyoda-ku, Tokyo 100-0000 Japan

skishida@xxxxxxxx

*Please consider our environment before printing this email.

岸田里美

エグゼクティブ・ディレクター

ファイナンス部

ABC ホールディングス

電話：+81-(0)3-1111-2222

100-0000 東京都千代田区丸の内

skishida@xxxxxxxx

*このメールをプリントする際は環境保護への配慮をお願いいたします。

　ポイント　相手が自分にメールや文書を送るときに困らないように、署名のはじめに (Mr.) (Ms.) をつけて性別を表示することもあります。これは自分に敬称をつけているのではなく、相手への配慮です。

　(Ms.) Satomi Kishida

　(Mr.) Koji Uehara

Best Practices ―現場からのヒント―

☑ 短いメールの返信の例

　上司からは、フルセンテンスではなく以下のような短い文や単語で返事が来ることもあります。

　また、親しい同僚やカジュアルなやりとりをする相手とは場合によっては短くて文法的には不完全な文でもやりとりするかもしれません。こういったやりとりは、どちらかというとチャット向きです。目上の人には使わないようにしましょう。

Approved.
承認します。　※上司からのメールで見られる例です（短い返事ですが、実際にはこれで十分）。

Fine with me. Thanks.
（私にとっては）問題ないです。ありがとう。　※上司からのメールで見られる例です。

Noted.
了解です。

Well noted.
Duly noted.
確認しました。／了解しました。

Noted with thanks.
了解です。　※「ありがとう、了解です」「了解しました、ありがとうございます」といった感謝の言葉を加えた表記方法です。

Will do.

（何かの依頼に対して）了解です。／やります。

Done.

やりました。／終わりました。／完了です。

Got it.

了解。

Received.

受け取りました。

See attached.

添付を見てください。

☑ チャットでクイックなコミュニケーションをとる

　社内の連絡手段としてチャットをよく使う企業もあります。ちょっとしたコミュニケーションであれば、メールの形式を省き、瞬時に送れるチャットを利用した方が効率良く、仕事が速く進むことがあります。チャットでは冠詞の有無など文法に重きが置かれなくなり、同僚など相手によっては略語や省略形を使用します。ただし、それらを多用して、あまりにカジュアルにしすぎるとプロフェッショナルとは言えません。あくまでも相手と状況に合わせましょう。

　チャット独特の表現やワードを覚えておくと、見たときに意味がわかりますし、チャットをもっとうまく活用できるでしょう。以下

の例を参考にしてみてください。

　なお、会社や業界、国によって略語や省略形の意味や使用頻度が異なる場合がありますが、筆者が見てきたものをご紹介します。

Hello Hayashi san, quick question.
林さん、ちょっとした質問があります。

Hi Yoshi, qq.
ヨシ、質問。　※qq = quick questionの省略です。親しい相手の場合に使うことがあります。

Hi Krishna, are you ok to talk on the phone right now?
クリシュナ、今電話で話せる？

Sorry I'm ooo tomorrow. Could we meet on Monday instead?
ごめん、明日はオフィス不在なの。代わりに月曜日にミーティングできる？

Stepping Up ——歩上を行く——

☑ オフィスで使う略語集

　以下の略語は文章の中で頻繁に登場します。メールやチャットでいきなり登場する可能性があるので、ミスコミュニケーションを防ぐためにも正しく理解しておきましょう。

略語	英語	意味
ooo	out of office	外出中、オフィス不在
TBD	to be determined to be decided	未定、「（これについては）後ほど決まります」
TBC	to be confirmed	未確定、要確認、「（これについては）後ほど確定／確認します」
COB	close of business	終業（時間）
EOD	end of day	一日の終わり、終業時間
FYI	for your information	ご参考までに
ASAP	as soon as possible	できるだけ早く
WFH	work from home	在宅勤務
etc.	et cetera	など、その他
ppl	people	人（複数）
w/	with	
w/o	without	
no.	number	
cont.	continued	「続き」（パワーポイントのスライドやレポートで、「前のページからの続き」の意味）
PFA	please find attached	添付をご覧ください

TAT	turnaround time	作業や応答の所要・処理時間
YOY	year-over-year	前年比
YTD	year-to-date	過去一年間
OT	overtime	残業
MTD	month-to-date	過去1ヶ月間
ETA	estimated time of arrival	到着予定時間

カジュアルな略語

略語	英語	意味
pls	please	お願い
thx	thanks	ありがとう
jk	just kidding	冗談だよ
lol	laugh out loud	声に出して笑う、「(笑)」
rofl	rolling on the floor laughing	床で笑い転げる、「(爆笑)」

やりとりの例 1

Steven

Hi Claire. We started our call just now. Are you able to join?

Claire

Sorry Steven
I just got back from a mtg and need to send something off quickly...
I'll join in about 5 min!

Steven

ok, talk to u soon!

スティーブン

クレア、今コール（conference call ＝ カンファレンスコール／電話会議）を始めたところです。参加できますか？

クレア

スティーブン、ごめん
今ミーティングから戻ってきたところで、すぐに何か（メール）を送らなければいけないの…
5分後くらいに参加します！

スティーブン

了解、ではあとでね！

やりとりの例 2

Emi

Hi Jun san. Would you be free this afternoon for a quick chat about Monday's event?
The speaker for the closing speech is still TBC so we need to find someone ASAP...

Jun

Hi Emi san! Sure, I'm free, but I'm WFH today. Would you be able to call me on my mobile?

Emi

Sure, np! Will call you around 3pm.

Jun

Sounds good, thx! Talk to you later :)

エミ

> ジュンさん、月曜日のイベントについてちょっとお話ししたいのですが、今日の午後は空いていますか？
> クロージングのスピーカーがまだ決まっていないので、早急に誰かを探さないといけなくて…

ジュン

> エミさん、こんにちは。もちろん、空いていますが、今日は在宅勤務なので、ケータイにお電話いただけますか？

エミ

> 問題ないです！　じゃ3時頃電話します。

ジュン

> 了解、ありがとう！　ではのちほど☺

167

省略／略語

mtg = meeting
u = you
min = minute
TBC = to be confirmed
ASAP = as soon as possible
WFH = work from home
thx = thanks

The Basics of Emails and Phone Calls

03

スムーズな電話応対

　電話がかかってきて、相手が英語で話し始めたときは緊張してしまうと思います。とはいっても、電話は「受ける、かける、保留にする、伝言を受ける・伝える」などとシチュエーションが限定されています。それらに合わせたフレーズを事前にインプットしておけば、英語での電話の対応のときもパニックにならず、余裕を持って対応できるはずです。

The Essentials ―本当の基本―

> ❶ **受けるときも名乗る**
> ❷ **丁寧なやりとりを事前に覚える**

❶ 受けるときも名乗る ◀ Track 3-1

　電話を受けるとき、社内の電話では名前、あるいは部署名と名前だけで良いですが、社外の場合は社名だけ伝えれば十分です。会社によるかもしれませんが、筆者が働いてきた会社では、電話を受けるときにHelloは言わず、会社名のみで対応することがほとんどでした。

　また、かけてきた相手が誰かわからない場合、必要以上に情報を伝えないように「（名前）です」と自分の名前を言わない方が安全です。これは、かけてきた相手がセールスのコールドコール（見込み客への突然の売り込み電話）、あるいはソーシャル・エンジニアリングであるリスクを避けるためです。ソーシャル・エンジニアリングとは、人の心理的な隙や行動のミスにつけ込み、機密情報を不正入手する方法です。電話では取引先、上司・役員、弁護士、警察などになりすまし、緊急だと言い、プレッシャーをかけて不正アクセスの糸口となるIDやパスワードといった情報を聞き

169

出そうとするので、十分気をつけましょう。

社外からの電話を受ける

ABC Holdings. How may I help you?
ABCホールディングスです。ご用件をお伺いいたします。

Good morning [afternoon]. ABC Holdings.
おはようございます[こんにちは]。ABCホールディングスです。

Good morning. ABC Holdings. How may I help you?
おはようございます。ABCホールディングスです。ご用件をお伺いいたします。

社内の電話や、取り次いでもらった電話に出る

This is John West. How can I help you?
ジョン・ウエストです。ご用件をお伺いいたします。

　相手が名乗らなかったとしても Who is this?（誰？）と聞くのは失礼ですので、以下のように聞きましょう。

May I ask who's calling?
どちら様でしょうか？／お名前をお聞きできますでしょうか？

自分宛の電話を受ける

May I speak with Jun?（ジュンさんとお話しできますか？）の返答の例。

This is he/she.
はい、ジュンです。

This is Jun.
ジュンです。

Jun speaking.
ジュンです。

◯ *Do's*

ABC Holdings. How may I help you?

171

② 丁寧なやりとりを事前に覚える ◀ Track 3-2

　メールは時間をかけて書いて読むこともできますが、電話はその場で瞬時に聞き取り、判断し、反応・対応する処理速度が必要です。また、相手の表情が見えず、声と言葉しか情報がないため、英語での対応となると難易度が高いですが、電話の受け答えはあなた個人や会社（組織）への印象にも影響するので、気をつけたいものです。

　そのため、丁寧な表現をあらかじめ覚えてしまうことをおすすめします。筆者自身、英語で教育を受けていながらも、ビジネスで使う英語には慣れていなかったので、働き始めの頃、電話応対に不慣れでビクビクしていました。しかし、オフィスで上司や同僚が電話しているときのフレーズを真似ていたら、次第に自分の中にもインプットされ、スムーズに言えるようになりました。

保留にする

One moment, please. I'll see if Adam is available.
アダムがいるか確認いたしますので、少々お待ちいただけますでしょうか。

Could you excuse me for a moment, please?
少々お待ちいただけますでしょうか？

※保留を解除した後には、次のような表現を使って対応します。

I'm sorry to keep you waiting.
お待たせしてすみません。

避けた方が良い表現

Please wait.
待ってください。　　※ぶっきらぼうで、機械的な印象です。

Just a minute.
ちょっと待ってください。　　※カジュアルな表現です。

Please hold.
保留にしてください。　　※機械的に聞こえてしまいます。

他の人へ電話をつなぐ

Thank you for waiting, Ms. Sato. I'll transfer you to Adam.
佐藤様、お待ちいただきありがとうございます。アダムにお電話を転送
いたします。

Thank you for waiting. I'll put you through to Adam.
お待ちいただきありがとうございます。アダムにおつなぎいたします。

Thank you for holding. I'll transfer you to Adam.
お待ちいただきありがとうございます。アダムにおつなぎいたします。

Would you like me to transfer you to his voicemail, or would you like me to take a message?
ボイスメールに転送いたしますか、それとも伝言を承りましょうか?

相手がいないとき

I'm afraid Adam is not available right now.
申し訳ございませんが、今アダムは不在にしております。
※not available は「不在」という意味だけではなく、話せる状態ではないという意味合いも含まれます。

I'm sorry, but Adam is away from his desk right now.
申し訳ございませんが、アダムは今席を外しております。

I'm sorry, Adam is on another call.
申し訳ございません、アダムは他の電話に対応しております。

I'm sorry, Adam stepped away from his desk. May I have him call you back when he returns?
申し訳ございません、アダムはただいま離席しております。戻りましたら、折り返しお電話を差し上げるようにしてもよろしいでしょうか?

I'll let him know that you called.
お電話があったことを申し伝えます。

Can I take a message, or have him call you back?
伝言を承りましょうか、それとも折り返しお電話を差し上げるように申し
伝えましょうか？

I'd be happy to take your message.
伝言を承ります。

※この場合 happy は喜んでいると言っているのではなく、親切なニュアンスが伝わる言葉です。

May I tell Ken who's calling?
ケン（取り次ぐ相手）にお名前をお伝えしてもよろしいでしょうか。

※相手が名乗らなかったときに、名前を聞き出すことができます。

May I tell Adam the purpose of your call?
アダムにご用件をお伝えしてもよろしいでしょうか？

※用件を聞き出す質問です。

May I have your name, telephone number, and a convenient
time for Adam to return your call?
お名前、お電話番号とアダムからお電話を差し上げるのにご都合の良い
時間を教えていただけますか？

伝言を受ける

I will let him know.
彼に申し伝えます。

I'll have him call you back.
彼にお電話をするように伝えます。

I'll make sure he receives your message.
彼に申し伝えます。／伝言を確かに承りました。

間違い電話

I'm sorry, (I believe) you have the wrong number.
あいにくおかけになった番号が間違っております（間違っているようです）。

Best Practices ―現場からのヒント―

☑ **電話を受けるときに避けた方が良いフレーズを知っておく**

次のようなフレーズは失礼なので、使わないようにしましょう。

Speaking.

本人です。　　※筆者が電話をかけるとき、かけている相手が言うのを聞くことがありますが、丁寧ではありません。

Who is this?

誰？

Please wait.

待ってください。　　※ぶっきらぼうで命令調かつ機械的な印象です。

Just a minute.

ちょっと待ってください。　　※カジュアルに聞こえます。

Please hold.

保留にさせてください。　　※機械的に聞こえます。

177

04 電話をかけるときも 自信を持ってスムーズに

　メールとは違って電話は「ライブ」感があるため、緊張が伴いますが、電話を受けるときと同様、だいたいのパターンは決まっています。その中で臨機応変に対応できるようにあらかじめマナーとフレーズをインプットしておきましょう。

The Essentials ―本当の基本―

1 かけるときは必ず自分から名乗る
2 簡潔かつ丁寧に用件を伝える
3 聞き取れないときは "What?" ではなく丁寧に
4 電話を切る前にひとことお礼を言う

1 かけるときは必ず自分から名乗る ◀ Track 3-3

　電話をかける時は必ず自分から名乗ります。いきなり Can I speak to ...?（～はいますか？ ～と話せますか？）と聞くのは失礼です。

This is Yuri Kuroda. May I speak with Adam Walker, please?
黒田友梨です。アダム・ウォーカーさんはいらっしゃいますか？

This is Yuri Kuroda from Kawamura Holdings. May I please speak with Mr. Adam Walker?
河村ホールディングスの黒田友梨と申します。アダム・ウォーカー様とお話しできますでしょうか？　　※speak to [名前] ([名前]へ／[名前]に話したい) より、speak with [名前] ([名前]と一緒に話したい) のほうが丁寧です。

Hello, this is Yuri Kuroda. I'm with Kawamura Holdings. May I speak with Mr. Adam Walker, please?
河村ホールディングスの黒田友梨です。アダム・ウォーカー様とお話ししたいのですが、いらっしゃいますでしょうか？

I'm calling about our meeting on Friday.
金曜日のミーティングについてお電話を差し上げております。

I'd like to speak with someone about your team-building programs.
（特定の相手がいない場合）（貴社の）チームビルディングプログラムについてどなたかとお話ししたいです。

Hello, Mr. Cheung. This is Shinya Matsuda from ABC Corporation. I called to follow up on the email that I sent earlier today. Is this a convenient time to talk?
チャンさん、ABCコーポレーションの松田慎也です。今日お送りしたメールのフォローアップをしたくお電話を差し上げました。今お時間よろしいでしょうか？

☑ voicemail にわかりやすいメッセージを残す

　最初の外資系企業で働いていた頃、あるチームのマネージャーが早朝のオフィスで何度も voicemail のメッセージを録音し直していたのが今でも記憶に残っています。はっきりとした声で、メリハリのあるトーンで、"um..."（えーっと）などの filler words（意味を持たない間を埋める言葉）を言わず、滞ることなくスムーズに話していて、まるでプレゼンテーションのようでした。その完璧なメッセージも、その姿勢も、とても印象的でした。

　メッセージを残す際は以下を参考にしてみてください。録音なので、あらかじめ言いたいことを原稿にして読み上げるのもひとつの手です。

This is Yuri Kuroda. My number is 1111-2222. I'm calling regarding our meeting on December fifth. I would appreciate it if you could call me when you have a moment. Thank you.
黒田友梨です。番号は 1111-2222 です。12 月 5 日のミーティングについてご連絡しました。お手隙の際にお電話いただけますと幸いです。

This is Yuri Kuroda calling. I would like to speak with you regarding our meeting on December fifth. I'll try calling again, but in the meantime, my number is 1111-2222. Once again, it's 1111-2222. Thank you.
黒田友梨です。12 月 5 日のミーティングについてお話ししたいと思います。またご連絡いたしますが、念のため、私の電話番号は 1111-2222 です。復唱します、1111-2222 です。よろしくお願いいたします。

This is Yuri Kuroda. My number is 1111-2222. I'm calling regarding our meeting on December fifth. I'll try calling you again.

黒田友梨です。電話番号は1111-2222です。12月5日のミーティングについてご連絡しました。またこちらからお電話いたします。

☑ voicemail の応答メッセージを設定する（自分の電話で設定して、相手からかかってきたときに再生されるメッセージ）

This is Yuri Kuroda. Please leave your name, phone number, a brief message, and a convenient time for me to return your call. Thank you.

黒田友梨です。お名前、お電話番号（社内の場合は不要）、短いメッセージと、折り返しのためご都合のつく時間帯をお知らせください。

This is Yuri Kuroda. Please leave your name, number, and message, and I'll get back to you as soon as possible.

黒田友梨です。お名前、お電話番号（社内の場合は不要）、メッセージを残してください。できるだけ早く折り返しいたします。

You've reached 1234-4567. Please leave your name, number, and a short message. Thank you.

1234-4567です。お名前、お電話番号とご用件を残してください。よろしくお願いいたします。　※名乗らずに電話番号を言う手もあります。こうすると、電話してきた相手がセールスや間違い電話だった場合に、個人名を知られずに済みます。

② 簡潔かつ丁寧に用件を伝える 📢 Track 3-5

　電話を受けるときと同様、手短に重要な情報を明確かつ丁寧に伝えるようにします。伝言を残すときや、間違い電話をかけてしまった場合などは次のような表現を使うと良いでしょう。

伝言を残す

Could I please leave a message for him?
伝言をお願いしてもよろしいでしょうか？

I'd like to leave a message, if possible.
可能でしたら、伝言をお願いしたいです。

May I please leave a message?
伝言をお願いしてもよろしいでしょうか？

Would you mind passing on a message for me?
伝言をお願いできますか？

Could you please ask her [him] to call me back?
折り返しのお電話をいただけますようお伝え願えますか？

Could you please let him know that his order will be shipped tomorrow?
ご注文いただいたものが明日発送となることをお伝えいただけますか？

I would appreciate it if you could let him know that his order will be shipped tomorrow.
ご注文いただいたものが明日発送となることをお伝えいただけますと助かります。

間違い電話

I'm sorry, I must have misdialed. I'm sorry to have troubled you.
すみません、電話番号を間違えてしまったようです。ご迷惑をおかけして申し訳ございません。

❸ 聞き取れないときは "What?" ではなく丁寧に　◀ Track 3-6

相手の発言が聞き取れないときは、"What?" と言ってしまいそうですが、これは日本語でいうと「何？」というニュアンスで、少しぶっきらぼうに聞こえます。次のように丁寧に言いましょう。

I'm sorry, but I couldn't catch that.
すみません、聞きとれませんでした。

I'm afraid I couldn't catch what you said. Could you please repeat that?
恐れ入りますが、聞き取れませんでした。もう一度おっしゃっていただけますか？

Could you please say that again?
もう一度おっしゃっていただけますか？

Could I have your name again, please?
もう一度お名前をおっしゃっていただけますか?

I'm sorry, but I'm having a difficult time hearing you.
申し訳ないのですが、お電話が遠いようです。

We seem to have a poor connection. May I call you back?
接続状況が良くないようです。こちらからかけ直してもよろしいですか?

④ 電話を切る前にひとことお礼を言う ◀ Track 3-7

　要件や依頼など、具体的な表現については他のChapterを参考にしてください。要件が終わったあとはbye-byeなどと言って唐突に電話を切るのではなく、必ずお礼のひとことを入れるようにしましょう。

Thank you for your help.
ありがとうございます。　　※何かをやってくれた場合。

I appreciate your time.
お時間をいただきありがとうございます。

You've been very helpful. Thank you.
とても助かりました。ありがとうございます。

Thank you for calling.
お電話ありがとうございます。

Thank you. Good-bye.

ありがとうございます。失礼いたします。

※bye-bye（バイバイ）はカジュアルで幼稚に聞こえます。

Review Dialogue 3-1 復習ダイアローグ 3-1

●Scene: ジェームスさんが、商品納期に関して、急ぎの電話をシルビアさんにかけます。電話を受けた北川さんは、急ぎの案件と知り……。

●A = 北川隆一　B = James Tyler

A：ABC Holdings. ❶ How may I help you?

B：This is James Tyler from Tokyo Engineering. ❷ May I please speak with Ms. Sylvia Banks from the Sales Department?

A：I'm sorry, but Sylvia is out of the office this afternoon. May I take a message, or have her call you back? ❸

B：Thank you, then I'd like to leave a message. Could you please let her know that I'd like to speak with her about an order I placed? I'm afraid we need to hold off on the order because there might be a change in the design. ❹

A：I see, I understand that this is urgent. Sylvia is not scheduled to return until late this evening, so I will contact her at her mobile and ask her to call you back as soon as possible.

B：That would be extremely helpful. Thank you.

A：My pleasure. May I please have your contact number?

B：Yes, it is ...

A：Thank you, so it's ... I will make sure to let Sylvia know.

B：Thank you very much for your help. ❺

A：ABC ホールディングスです。❶ ご用件をお伺いいたします。

B：トウキョウエンジニアリング社のジェームス・タイラーと申します。❷ 営業部のシルビ
　　ア・バンクス様とお話ししたいのですが、いらっしゃいますでしょうか?

A：申し訳ございません。シルビアは午後は外出しております。 ご伝言をお受けするか、
　　彼女に折り返しご連絡を差し上げるように申し伝えましょうか? ❸

B：ありがとうございます。では、伝言をお願いいたします。注文していた商品の件でお
　　話しできればと思います。あいにくデザインに変更が入る可能性があり、注文を保留
　　にさせていただきたいのです。❹

A：お急ぎなのですね。シルビアの戻りは遅くなると思いますので、私から彼女の携帯に
　　連絡を取り、至急タイラー様に折り返しお電話をさせるようにいたします。

B：そうしていただけると大変助かります。ありがとうございます。

A：恐れ入りますが、お電話番号をお聞きしてもよろしいですか?

B：はい、○○です。

A：ありがとうございます。○○ですね。 ではシルビアに連絡をとります。

B：ご協力いただきどうもありがとうございます。❺

Review Dialogue 3-1　復習ダイアローグ 3-1

Key Takeaways　復習ダイアローグ3-1のポイント

❶ 受けるときも名乗る ⇒ p. 169

　番号のディスプレイで社外からかかってきたことがわかるので、個人名ではなく社名を名乗っています。北川さんの会社では Hello は言わない習慣があるので、社名のみを名乗って電話を受けています。

❷ かけるときは必ず自分から名乗る ⇒ p. 178

　電話をする側はいきなり本題に入らず、必ず名乗ります。この場合社外にかけているので、社名と名前（必要であれば部署名も）を伝えます。名乗らず、相手に「どなたですか?」と聞かせてしまうのは失礼です。

❸ 丁寧なやりとりを事前に覚える ⇒ p. 172

　不在である旨を伝えるときの丁寧なフレーズをあらかじめインプットしておくと、電話を受けた際にスムーズに出てくるのでおすすめします。

❹ 簡潔かつ丁寧に用件を伝える ⇒ p. 182

　電話を受けた相手が正確に用件を本人に伝えられるように、簡潔かつ漏れのないように伝えています。

❺ 電話を切る前にひとことお礼を言う ⇒ p. 184

　マナーとして感謝の気持ちを述べ、お互いに気持ちよく会話をクローズさせます。

●Scene: ジェイクさんが、クラウドサービス会社の矢沢さんに契約の件で電話をかけます。

●A = 松田京子　B = Jake Richards　C = 矢沢章

A : ABC Bank. ❶ How may I help you?

B : My name is Jake Richards from ZXY Corporation. ❷ May I speak with Mr. Akira Yazawa from the Sales Department?

A : Certainly. Just a moment please, and I will transfer you to him. ❸

C : Thank you for waiting. ❹ This is Akira.

B : Hello Yazawa san. I'm calling about the proposal that you presented to us last week. We appreciate your generous offer of a 10% discount, and would like to proceed with this. ❺

C : Thank you very much. We are delighted to hear the news.

B : We'd like to sign the contract officially. Could you please advise the next steps?

C : Certainly. We will send two hard copies of the contract, so we would appreciate it if you could review, sign both copies and send one copy to us.

B : Sure, we will do so.

C : Please feel free to use cash-on-delivery with Yamano Delivery or Sagano Services.

B : Thank you. I'm sorry, but I couldn't catch the name of the delivery companies. Could you please say that again? ❻

C : Certainly. They are Yamano Delivery and Sagano Services.

B : Great, thank you. I will look forward to receiving the contracts.

C : It's my pleasure, and thank you again for your call. We look forward to working with you again. Good bye now. ❼

B : Good bye.

A：ABC銀行です。❶ ご用件をお伺いいたします。

B：ZXY社のジェイク・リチャーズと申します。❷ 営業部の矢沢章様はいらっしゃいますか？

A：かしこまりました。代わりますので、少々お待ちください。❸

C：お待たせいたしました。❹ 矢沢です。

B：矢沢さん、こんにちは。先週ご提案いただいた企画書の件でご連絡をいたしました。価格の10％のお値引きという寛容なオファーをいただき大変感謝しており、こちらで進めていきたいと思います。❺

C：誠にありがとうございます。良い知らせを聞けて嬉しいです。

B: 正式に契約させていただきたいと思います。次のステップについて教えていただけますか？

C：かしこまりました。では、契約書を2部お送りいたします。ご確認の上、両方にサインをいただき、一部をご返送いただけますでしょうか。

B：承知しました。

C：よろしければヤマノ配送またはサガノサービスの着払いをご利用ください。

B：ありがとうございます。申し訳ないのですが、配送会社の名前が聞き取れませんでした。もう一度おっしゃっていただけますか？ ❻

C：もちろんです。ヤマノ配送とサガノサービスです。

B：ありがとうございます。では、契約書をお待ちしております。

C：こちらこそ、ご連絡をいただきましてありがとうございます。またお仕事でご一緒できますことを楽しみにしております。それでは、失礼いたします。❼

B：失礼いたします。

Key Takeaways 復習ダイアローグ3-2のポイント

❶ 受けるときも名乗る ⇒ p. 169

外部からの電話の際、会社の代表として受けるため会社名を名乗っています。

❷ かけるときは必ず自分から名乗る ⇒ p. 178

電話をする側はいきなり本題に入らず、必ず名乗ります。この場合相手にとっては社外なので、社名と名前を（必要であれば部署名も）伝えます。名乗らず、相手に「どなたですか？」と聞かせてしまうのは失礼です。

❸ 丁寧なやりとりを事前に覚える ⇒ p. 172

"Please wait." といった機械的な文言ではなく、"Just a moment please..." と丁寧に伝えてから保留にしています。

❹ 丁寧なやりとりを事前に覚える ⇒ p. 172

保留を解除して話し始めるとき、いきなり内容に入るのではなく "Thank you for waiting." で始めています。

❺ 簡潔かつ丁寧に用件を伝える ⇒ p. 182

まず用件を伝え、感謝の気持ちを込めて内容を伝えています。

❻ 丁寧なやりとりを事前に覚える ⇒ p. 172

聞き取れないときは "What?" ではなく丁寧に ⇒ p. 183

　聞き取れないと焦って "Wait, what?" "What did you say?" と言ってしまいそうですが、"Could you please say that again?" と丁寧に聞いています。

　この場合、ジェイクさんはクッション言葉（I'm sorry, but...）を添えて、配送会社の名前を聞き取れなかったことを伝え、もう一度言ってもらうようにお願いしています。

❼ 電話を切る前にひとことお礼を言う ⇒ p. 184

　日本語では「よろしくお願いいたします」で締めくくるかもしれません。しかし、英語では直訳がないですし、感謝の言葉を伝えるほうが相手に与える印象がよくなります。この会話では、お互いに感謝を伝え、一緒に仕事ができることを楽しみにしているというポジティブで気持ちの良い表現で終えています。

The Basics of Meetings & Presentations

Chapter 4

会議と
プレゼンの基本

01

自信を持って発言する

> 「ミーティングに出席しても、座っているだけでは存在していないも同然」
> There's not much point in attending the meeting if you don't participate in the discussion.

　外資系企業で働き始めたばかりの頃に言われた言葉で、衝撃を受けてプレッシャーを感じたと同時に、その後のミーティングに対する姿勢を大きく変えました。ミーティングは情報を共有する場ではなく、意見を共有し、ディスカッションし、次につなげるための話し合いをしたり、次の課題やアクションについて話すための場であることに気づきました。ただ聞くだけの受け身の姿勢で参加するのではなく、アクティブに参加して貢献する場です。

　また、あるとき役員の方の新入社員向けスピーチを聞く機会があり、そこでの言葉も印象に残りました。

> 「1日目からあなたたちはプロフェッショナルとして見られます」
> You are considered a professional from Day 1.

　初日から会社の代表の1人として見られるという自覚を持つこと、そしてプロフェッショナルとして見られていることに誇りを持って、という激励の言葉でもありました。そして、そのスピーチは次の言葉で締めくくられました。

> 「初日から意見を求められるので、皆さんのアイディアをどんどんシェアしてください。皆さんの声を聞かせてください。待っています」
>
> From Day 1, you'll be asked for input. Take initiative and share your ideas. We'd like to hear from everyone.

　その後、他の外資系企業で働く知人からも、同じようなことを言われたり聞いたりしたと聞き、これは共通のマインドセットなのだと感じました。

　新入社員や転職で新しく入ってくる人は、会社や組織にとって新しい考え方やアイディアを持ってくる貴重な存在で、思考のダイバーシティも広げます。外資系企業は特にフラットでオープンな環境で、立場や経験を問わず、意見や考えを共有できるような職場を目指しています。

　しかし、筆者が働き始めた頃は、速いペースで進むミーティングの話に追いつくだけでも精一杯でした。発言を求められた時には頭が真っ白になり、すぐに言葉が出てこない時もあれば、自分の思っていたことを他の人が発言した時に「発言すれば良かった」と後悔したことも多々あります。まさに「発言したもの勝ち」でした。

　また、「よくわかりませんが」「自信はないのですが」と言ってあまり謙虚になりすぎると自信がない、または真剣に聞いていないと見られ、信用も得にくくなることを学びました。

　発言の内容も大事ですが、言い出しのフレーズに工夫し、発信の仕方も意識してみてください。

The Essentials ―本当の基本―

1 意見の伝え方に表現の幅を持つ
2 洗練された丁寧な英語を意識する

① 意見の伝え方に表現の幅を持つ 🔊 Track 4-1

　ミーティングでは黙っているのではなく、意見を持ち、それを自分なりにまとめ、簡潔で明確に伝えることが求められます。発言は会議に貢献できる方法の1つですが、存在感を示すこともできます。よく発言をすると、「あの人は話をよく聞いて考えている」「良い意見がある」という印象になり、今後の仕事につながることもあります。

　また、同じ意見でも、表現の仕方で伝わり方が変わります。例えば、「〜と思います」と言うときは "I think..." が思い浮かぶかもしれませんが、これは少し弱い印象です。

　このように、表現の仕方次第で考えに対する自信の度合いや主張の強弱が変わります。以下のような言い出しフレーズを使ったり、クッション言葉を添えて意見の伝え方の幅を広げましょう。

⭕ *Do's*	🔺 *Don'ts*

主張／自信・確信の度合い

強

I strongly believe (that)...
〜だと強く思います。

I am convinced (that)...
〜だと強く思います／確信しています。

I believe that...
私が思うのは〜／〜だと思います。
※I think よりも少しプロフェッショナルなニュアンスです。

I think (that)...
私が思うのは〜／〜だと思います・考えています。

In my opinion, ...
私の意見では…

I feel (that)...
〜だと思います／だと感じています。

I suppose that...
〜だと思います／そうかもしれません。

It seems to me that...
私には〜のように思えます。

I (would) imagine that...
〜だと想像できます。

I may be wrong, but...
間違っているかもしれませんが…

弱

imagineはビジネスシーンではあまり使われないイメージがあるかもしれませんが、以下のような場面で使うことがあります。

A: Do you think that there will be a year-end party this year?
今年は（社内の）年末のパーティーがあると思う？

B: I would imagine that there would be, since our company performed really well this year.
今年は会社のパフォーマンス（業績）がよかったから、あると思うよ。

自信がないときや、自分の経験からの意見を言いたいときは次のような表現もあります。

Based on my experience, ...
私の経験から言いますと…

To the best of my knowledge, that is one of the best textbooks on that subject.
私が知る限りでは、この題材のテキストの中ではそれが一番の良書です。

As far as I know, the official deadline is the end of May.
私が知る限りでは、正式な期限は5月末です。

I may be wrong, but...
間違っているかもしれませんが…　　※あまり自信の無いときや、相手と違う意見のとき、
批判や反対意見を受ける可能性のあるときの前置きのクッション言葉です。

> It's possible that...
> 〜の可能性があります。／〜かもしれません。

❷ 洗練された丁寧な英語を意識する

話し方によって、その人の教養や育ち、品性などの度合いが瞬時に「判断」されると言っても過言ではありません。

たとえば、次のような話し方にはどのような印象を持たれますか？

And I was thinking like...
And then my boss goes like...

このような話し方は、ネイティブらしい英語に思われがちですが、日本語に置き換えると次のように聞こえます。

私が思ってたのは、〜って感じで
上司は〜って感じで

アメリカのドラマや映画で高校生がこのように話すことがありますが、「カジュアル」「ティーンエイジャーみたい」「プロフェショナルではない」という印象を持たれるため、ビジネスの場には適していません。

同様に、くだけすぎた話し方やスラングの多用も避けましょう。ビジネスには不適切ですし、発言の説得力にも影響します。話し方で瞬時にあなたの教養や品性が判断されてしまいます。できる限りビジネスに適したプロフェッショナルな話し方を心がけましょう。

201

⚠ *Don'ts*

❶ 不要で意味のない言葉は使わない
Um..., well..., like... は不要な "filler words" なので避けましょう。

❷ 文章を省略・短縮しない

02　ミニッツ（議事録）の効果とポイント

　ミーティングでは"minute taker"や"notetaker"（議事録を取る担当）としての役割を任されることがあるかもしれません（minute takerのminuteはmeeting minutes（議事録）からきています）。議事録には以下の役割がありますが、議事録を取ることによって会議の流れが把握でき、意見がまとまりやすくなって発言するときに少し自信が持てるようになる効果も感じられるでしょう。

議事録の役割

- ミーティングで参加者が合意したことや決定したこと、お互いに理解したことについて、相違が生じないための記録
- 「言った」「言わなかった」という議論になるのを防ぐ
- 欠席した人が見てミーティングで話されたことや決定事項など重要なことがわかる

議事録の取り方

　会社やチームによってアプローチは様々ですが、以下はその例です。

- ミーティング中に参加者とスクリーンをシェアしてその場でワードなどのファイルに入力していく。スクリーンを見ている他の参加者が内容の誤りに気づけばその場で指摘できます。

　※筆者が参加するAPAC（= Asia Pacific）地域の拠点とのカンファレンスコールでは、画面共有ツールを使用してコール中に議事録ファイルに入力していきます。ファシリテーターがミニッツを残す担当になることが多いです。

- ミーティング中は自分用にメモをとり、それを元にメールやファイルに入力していく。
- 議事録をミーティングの後（できるだけ速やかに）に参加者全員にメールで送る、または保存してある場所のリンクを共有する。

※参加者の記憶がフレッシュなうちの方が読んでもらえる可能性も高まり、議事録の内容で気づいた点があれば早めに訂正の連絡をしてもらえる可能性が高まります。

メールするときは次の文章を添えると良いでしょう。

Please let me know if I missed or misunderstood anything.
何か見落としていたり理解が正しくない部分がありましたらお知らせください。

The Essentials ―本当の基本―

議事録をアジェンダに書き込む

　アジェンダと議事録のフォーマットや共有の仕方にルールや決まったフォーマットはなく、組織やチームによって様々でしょう。所属先の習慣やアプローチを確認してみてください。

　以下にアジェンダと、その中にミーティングで実際に話し合われた内容やポイントを書き込んだ議事録の一例をご紹介します。

Bi-Weekly CSR Team Meeting

Date: October 20, 2020

Time: 3:00 p.m. JST / 2:00 p.m. HKT

Locations: Room "Yamanote" (Tokyo), Room 88A (Hong Kong)

Dial-in: +001-010-0000 (Code: 123456)

Agenda

1. Introduction of new members
2. Regional updates
3. Results - Event volunteer survey
4. 2021 goals and initiatives

バイウィークリー　CSR チームミーティング

日程：2020年10月20日

時間：午後3時（日本時間）、午後2時（香港時間）

場所：ルーム「ヤマノテ」（東京）、ルーム88A（香港）

ダイアルイン：+001-010-0000 (Code: 123456)

アジェンダ

1.　　新メンバー紹介

2.　　各地域のアップデート

3.　　結果：ボランティアのアンケート

4.　　2021年の目標と新企画／新しい試み

アジェンダは会議の議題をまとめたもので、ここに書かれている議題に沿って会議を進めます。各アジェンダに沿って、次のように内容や会議で出た意見をポイントとして記録するとわかりやすいです。

　項目としてはタイトル、目的、日程、場所、参加者・欠席者、アジェンダ、決定事項、次のステップ、アクションおよび担当者、次回のミーティングの日程などを明記します。

Bi-Weekly CSR Team Meeting

Date: October 20, 2020
Time: 3:00 p.m. JST / 2:00 p.m. HKT
Locations: Room "Yamanote" (Tokyo), Room 88A (Hong Kong)
Dial-in: +001-010-0000 (Code: 123456)

Attendees: Taiji Suzuki, Naoko Kitazawa, Julia Chan, Xinyi Zhang, John Woods, Ashley Kim, Masaki Kobayashi
Apologies: Suzanne Wong

1. **Introduction of new members**
    · Ashley Kim (Joined Sept. 1)
    · Masaki Kobayashi (Joined Oct. 1)

2. **Regional updates**
    · Tokyo:
        1. Year-end charity event scheduled on Dec. 18
        2. Updated charity partners list on intranet
    · HK:
        1. Article on Charity Run published in HK Times on Oct. 5
        2. Identified 3 additional organizations for partnership in 2021

3. **Results - Event volunteer survey (Tokyo)**
    · Overall positive; logistics could be improved (details in the file here)

バイウィークリー　CSR チームミーティング

日程：2020年10月20日

時間：午後3時（日本時間）、午後2時（香港時間）

場所：ルーム「ヤマノテ」（東京）、ルーム88A（香港）

ダイアルイン：+001-010-0000 (Code: 123456)

参加者：Taiji Suzuki, Naoko Kitazawa, Julia Chan, Xinyi Zhang, John Woods, Ashley Kim, Masaki Kobayashi

欠席者：Suzanne Wong

1. **新メンバー紹介**
   ・Ashley Kim（9月1日入社）
   ・Masaki Kobayashi（10月1日入社）

2. **各地域のアップデート**
   ・東京：
   　1. 年末のチャリティーイベント　12月18日予定
   　2. チャリティーパートナーリスト　イントラネットにアップロード済み
   ・香港：
   　1. チャリティーランに関する記事　HKタイムズに10月5日掲載
   　2. 2021年新規チャリティー組織に3候補

3. **結果：ボランティアのアンケート（東京）**
   ・全体的にポジティブ；ロジは改善の余地あり（詳細は<u>ファイル</u>参照）

- Key issue was long time frame - consider shifts for volunteer time (2-3 hr shifts, a.m./p.m.)
- Next step: Follow up with volunteers to keep them warm for future events

4. **2021 goals and initiatives**
   - Raise awareness of team and initiatives through guest speaker events and internal communications
   - Diversify focus areas of partner charity groups
   - Next steps: Share with global team at next global call

・1番の懸念点は長い拘束時間 － シフト制を要検討（2-3時間のシフト、午前／午後）

・次のステップ：ボランティアの方々とフォローアップし、今後のイベントまで「キープウォーム」する。　※次回会ったり連絡したりするまで（またはその可能性があるときのために）関係を保っておく。「温存する」イメージ。よく採用プロセスで面接の候補者に対して keep candidates warm などと言う。

4.　**2021年の目標と新企画／新しい試み**

・ゲストスピーカーイベントや社内コミュニケーションを通して、チームおよびチームの活動・試みをより公に出して周知させる

・チャリティーパートナーの対象を広げる

・次のステップ：次回のグローバルコールでグローバルチームと共有する

　よくミーティングでは "Next step(s)" について話し合われ、ミニッツでもそれが記録されます。ミーティングでは「次につなげる」「次のアクション」に重きが置かれることがこのようなところにも反映されます。

質問も価値がある

"There's no such thing as a stupid question."（バカな質問というものは無い。）よく聞く cliché（よく知られた、使い古された表現）で、筆者は子供の頃に学校の先生から聞いた表現です。

わからないことがあっても、「そんなことも知らないの？」「なんでこんなこと聞くんだろう…」という反応をされると思い、遠慮してしまう人がいるかもしれません。ですが、ミーティングなど仕事の場面では、積極的に質問をすることをおすすめします。なぜなら、質問にも価値があり、貢献する役割も持っているからです。前もって下調べするべき内容や、すでに説明のあったことなどの場合は除きますが、同じ質問をしたかった人たちにとっては代わりに質問してもらえて助かるでしょう。

また、質問から話が広がり、より活発な議論やアイディアが生まれたり、会議の話が建設的になったりするかもしれません。こうして安心して発言ができる環境や雰囲気が作られていくことにもなるのです。

ためらわず、勇気を持って質問してみてください。意見を言うことに抵抗があったり、自信がない場合には、質問をすることから始めてみましょう。

The Essentials ―本当の基本―

❶ タイムリーに理解の確認をする
❷ クッション言葉をはさんで質問・中断する

① タイムリーに理解の確認をする 🔊 Track 4-2

　誤った理解や想定をもとに仕事を進めるのは危険です。相手の言ったことがよく理解できなかったとき、そのまま流してしまうよりもその場、または直後に確認する方が良いでしょう。質問をすると時間をとりますが、不明のまま、あるいは誤解をもとに仕事を進めた方がかえって時間や努力、労力のロスになります。

　次のような表現を使って確認したいことがあると相手に伝え、ワンクッションおいてタイムリーに尋ねます。

I'd just like to confirm.
確認をさせてください。

Could I just confirm my understanding?
私の理解について確認しても良いですか?

Just to double-check, ... Is that correct?
念のため確認ですが、…。それで合っていますか?

I'd like to confirm that I understand correctly.
理解が正しいか確認したいと思います。

I'd just like to confirm something.
一点、確認したいことがございます。

May I confirm one thing on that?
その件について1つ確認してもよいですか?

I'm sorry, but could you please say that again?
すみませんが、もう一度言っていただけますか？
※聞き取れなかったとき、繰り返してほしいとき。

上記に続けて、具体的に確認したいことを尋ねます。場面に合わせて次のようなフレーズも役立ちます。

Is that correct?
それで合っていますか／正しいですか？

Are you saying that...?
〜ということでしょうか？

Am I correct that...?
〜ということで合っていますか？

実際に現場では次のように使われます。

A: We will issue a press release on the product on the fifteenth.
15日に製品のプレスリリースを打ちます。
B: I'd just like to check, by when should we submit the final draft?
ちょっと確認なのですが、いつまでに最終版を提出するべきですか？

A: By kicking this off early, we should be ahead of the game compared with our competitors.
早めにキックオフすることで、競合他社よりも先行して有利な立場になるでしょう。
B: Just to clarify, is March second the target launch date?
確認なのですが、ローンチの目標日は3月2日ですか？

A: Are we on the same page with this?
皆さん共通の認識でいますね？
B: Just to double-check—this is a strict deadline. Is that correct?
念のため確認ですが、この期限は変更の余地がない（厳しい期限）ということで正しいですか？

A: If there are no questions, I'd like to move on to the next topic.
ご質問がなければ次のトピックに移ります。
B: I'm sorry, but I'd just like to confirm that I understand the responsibilities for this project correctly.
すみません、このプロジェクトについて各自の責任事項について、正しく理解しているか確認したいです。

A: Going forward, we will need sign-off from New York for all social media posts from the corporate account.
今後は企業アカウントのソーシャルメディアの投稿は全てニューヨーク（オフィス）の承認が必要です。

B: May I confirm one thing on that? Does that mean that we should send the drafts of the text in English and in Japanese? その件について1つ確認してもよいですか？ 投稿のドラフトを英語と日本語で向こうに送った方が良いということでしょうか？

② クッション言葉をはさんで質問・中断する ◀ Track 4-3

　会議の議論についていけないとき、「発言の内容がわからない」と伝えたくて次のように言うと、率直すぎて少し攻撃的なイメージになってしまいます。

I don't understand.
わかりません。／理解できません。

　文脈によりますが、相手が意見を言った後にこれを言うと、「あなたのことが理解できない」というニュアンスで、個人的なコメントと受け取られる可能性があります。

　そこで、次の**太文字部分**のようなクッション言葉を添えて伝えるとこのニュアンスが薄まります。これに「タイムリーに理解の確認をする」の表現をプラスすると、相手の話を理解したいという姿勢が伝わり、相手に不快な思いをさせずに再度説明をお願いすることができます。

I'm sorry, but could you please repeat that?
I'm sorry, but could you please say that again?
申し訳ないのですが、もう一度おっしゃっていただけますか？

I'm afraid I don't understand correctly.
恐れ入りますが、（自分は）正しく理解できていないと思います。

I'm afraid I'm not following what you're saying.
恐れ入りますが、おっしゃっていることがよくわかっていません。

　会議の途中で不明点があるときや、話している人の述べたことに誤りがあることに気づいたとき、中断して質問したり訂正したりしないとそのあとに誤解やトラブルにつながることがあります。そのような場面でもクッション言葉が役立ちます。

I'm sorry, (but) may I interrupt for a second?
すみませんが、少しだけ中断してもよいですか？

Sorry, could I jump in?
（話の途中で）すみません、ちょっと割り込んでもいいですか？

Could I just stop you for a moment?
少しだけお話を止めてもよいでしょうか？

Sorry to interrupt, but...
話に割り込んで申し訳ないですが…

Excuse me for interrupting, but...
お話の途中申し訳ないのですが…

現場の会話では次のように使われます。

Excuse me for interrupting, but I'd just like to point out that we also need to consider ABC.
お話の途中で申し訳ありませんが、ABCについても考慮する必要があります。

A: We're looking at a total cost of twelve thousand U.S. dollars per person.
（プロジェクトのコストについて）1人あたり合計12,000ドルです。
B: I'm sorry, but may I interrupt for a second? I believe the total cost would be ten thousand U.S. dollars per person.
お話の途中すみませんが、少し割り込んでも良いですか？　1人当たりの合計は10,000ドルかと思います。

Stepping Up ——歩上を行く——　◀ Track 4-4

☑ 少し考えたいときのワンクッション

　質問に答えられないとき、um..., well... などを多用するのは避けましょう。これらは filler words と呼ばれるもので、「えーっと、あのー、そのー、あー、やっぱり」のように、文章の「間」を埋めるだけで、実際には意味を持たない言葉です。filler words を使うと、プロフェッショナルで洗練されたイメージを持たれないため、発言の説得力にも影響してしまいます。

　どうしても間を埋める言葉を言いたくなってしまったら、代わりに以下の表現などを使うほうがビジネスにふさわしいです。

Let me see...
そうですね…

Let me think...
そうですね…

　または、思い切って沈黙の間を置くことも手です。沈黙は良くないと思いがちですが、um..., well..., like, I mean, you know... などと言うよりベターです。さらに、あえて間を置くことで相手のattention（注目、意識）を惹きつけ、次に言うことのインパクトが高まる効果もあります。

Best Practices —現場からのヒント—　◀ Track 4-5

☑ 質問に答えられないときにピンチを救う表現

　すぐに答えられないときは、前述の let me see や間を使ってワンクッション置くことができます。要するに時間稼ぎですが、考えてもわからないときは、I don't know（わかりません）だけで済ませるとそこで終わりになってしまうので、調べる、または確認をしてから追って回答をする旨を伝えます。

　その際は、次のような表現をヒントに乗り切ってみてください。

I'm afraid I don't know.
申し訳ないですが、わかりません。

※できれば、ここで終わらせず、I'll get back to you などと伝えて次につなげるようにします。

I'm afraid I'm not too familiar with this.
申し訳ないですが、これに関してはあまり詳しくありません。

I'm not too sure (about that).
（それについては）よくわかりません。

※確信を持てないとき、はっきり言えないときに使います。

+

I'll get back to you on that.
それについては（後で・後日・別途）ご連絡いたします／折り返しいたします。

※このように、「わからない」で終わるのではなく、その後にフォローアップや対応をすることで

周りの信頼を得ることができ、今後も仕事が来るようになるでしょう。

Let me check and get back to you (later).
確認して（後で）お返事／ご連絡します。

I will look into it further and get back to you.
もう少し調べてから折り返しいたします。

I'm afraid I need some more time to think about this.
申し訳ございませんが、もう少し考える時間が必要です。

I'm sorry I can't answer right now, but I will check and get back to you.
申し訳ございませんが、今すぐには回答できないので、確認後ご連絡いたします。

☑ 自分に意見が言える立場ではないと感じたとき

　コメントを控えるべき際に、「ノーコメントです」の直訳のつもりで No comment. と言うとぶっきらぼうで冷たく、丁寧さに欠けます。ビジネスでは角が立たないように対応したいので、次のような表現を使います。

I'm afraid I'm not in a position to offer an opinion on that.
恐れ入りますが、それについては私自身の意見を言う立場にはおりません。

It's not my place to say anything.
私には何とも言えません。　※「立場的に」のニュアンス。

☑「検討します」は英語に存在しない

　「検討します」はその場での回答や決定を避けるときに使い、「やや no」の意味合いが含まれます。直接的に断るのを避けて丁寧に表現する役割がありますが、これを英語に訳すつもりで　I'll think about it. と言っても、そうしたニュアンスは含まれず、ただ「考えます」として受け取られます。曖昧で、前向きに考えるのかやんわり断っているのかがわからず、相手を迷わせる可能性があります。

　同じように、「（その件は）持ち帰ります」といった表現も英語にはありません。(直訳にした We will take it back. は使われません。)

　英語圏だけでなく、他の国や地域の人とも仕事をする中で、特に期限や仕事の進め方・役割などを言葉によって曖昧にするのは危険です。日本人や日本語に理解のある人には「検討します」の裏にある本当の意味が以心伝心で理解できたとしても、グローバルな現場では相手に伝わらないことがほとんどです。

　外資系企業のミーティングではアジェンダや結論という「着地点」がはっきりしていることから、「検討します」や「持ち帰ります」のような表現の出番があまり無いのかもしれません。

　もしその場で答えられない、または no と断言できない場合は、曖昧さを残さない次のような表現を参考にしてください。

I will think it over and get back to you.
少し考えてからご連絡／ご回答いたします。

I'll discuss this with my manager [team] and get back to you.
マネージャー [チーム] と確認して（折り返し）ご連絡いたします。

Let me think about it.
考えさせてください。（本当に考えるとき）

I would like to give it some thought.
少し考えたいです。

I'd like to think about this a little further.
もう少し考えたいです。

Can I get back to you on this next week?
来週お返事しても良いですか？

May I think this over for a day and get back to you?
一日検討してから折り返しをしても良いですか？

I'd like to discuss with my boss [team] first.
最初に上司[チーム]と確認したいと思います。

I will discuss it with my manager and get back to you.
マネージャーと確認して折り返しいたします。

I'm afraid I can't answer right now, but I will confirm with my manager and get back to you.
申し訳ないのですが、今すぐはお返事できかねます。マネージャーと確認後、ご連絡いたします。

04 細かいニュアンスを含めて 賛成・反対を表明する

　他の参加者の意見への賛成・反対、そしてさらにコメントをするのもミーティングで効果的に貢献する方法の1つです。意見を言うときと同様、賛成や反対の度合いも表現次第で調整できます。伝え方に幅を持たせてより細かく明確に立場や考えを主張してみてください。周りの反応や、その先の話の展開にも違いが出てくるようになるでしょう。

The Essentials ―本当の基本―

❶ 賛成や同意の度合いによって表現を調整する
❷ 相手へ気を遣いながら反対意見を述べる

❶ 賛成や同意の度合いによって表現を調整する ◀ Track 4-6

　相手の発言や持ち上がったアイディア・意見について、賛成や同意を示す際に、「まったくその通りです」と言うのと「そうかもしれません」と言うのでは賛成の度合いが異なります。意見を言うときと同様、その都度表現を変えて調整すると、相手により明確に伝わります。

賛成・同意の強さ

強

I completely agree.

I agree entirely.

完全に賛成・同意します。

I believe that's true.

そうだと思います。

I believe you're right (about...).

（〜について）あなたは正しいと思います。

I agree with you on that.

それについて同意します／同じように思います。

I think so too.

私もそう思います。

That may be true.

そうかもしれないです。

You may be right.

そうかもしれないです。

弱

225

☑ カジュアルな同意の表現もおさえる

　同僚だけの会議の場合、次のようなカジュアルな表現で同意していることを示すと、意見への反対・賛成だけでなく、親しみがある印象を与えることもできます。

Maybe.
そうかもね。

I know what you mean.
本当にそうですね。／よくわかります。

※know は「知る」ではなく、「わかる、共感する」という意味で使われます。

会話例

A: I think this plan might not work out very well.
このプランはあまりうまくいかなそうだね。

B: I know what you mean. We should come up with a better alternative.
わかるよ。もっとよい代替案を考えた方が良さそうだね。

I guess so.
そうかもしれない。／おそらくそうだと思う。　　※フォーマルな場ではあまりguessという言葉は使わないかもしれませんが、カジュアルな会話には登場するので知っておくと便利です。

I know!
そうそう！／その通り！／わかる！

※カジュアルな場面で聞くフレーズで、気持ちを込めた同意や共感を示します。

> **会話例**
>
> A: This project is never-ending.
> この企画には終わりがないように感じるよ。
>
> B: I know!
> ほんとうに！

I'm with you (on that).
あなたと同じ意見です。　※会話では次のように使います。

> **会話例**
>
> A: I think Jack should have gotten promoted.
> ジャックが昇進するべきだったと思う。
>
> B: I'm with you on that. He would have been an outstanding manager.
> 同感。彼は最高のマネージャーになっていたと思うよ。

　また、明確に賛成を表明しないまでも、次のような表現を使って、自分が話を聞いていることや、理解していることを合図するのも大切です。

I see.
なるほど。／そうなのですね。

I understand.
理解しています。／わかります。

I follow you. / I'm following you.
わかります。

☑ あいづち代わりの yes は危険

あいづちの「はい」のつもりで yes を使うのは危険です。英語で yes はあいづちではなく「はい」「正しいです」「そのとおりです」といった意味で捉えられてしまう可能性があるため、yes, yes を連発すると全てを肯定していることになってしまいます。仮に相手が「あいづちのつもりなのだろう」と理解してくれた場合でも、yes を連発するとうるさく感じられてしまうかもしれません。英語で話すときはアイコンタクトが「聞いていますよ」の合図になります。アイコンタクトを取りながら、上記のような表現を良いタイミングで取り入れて、相手の話を聞いていることを示しましょう。

相手に同意や賛成を示すために I agree や I agree with you（同意／賛成します）と言葉にすると、より明確です。さらに p. 225 でご紹介しているように、賛成の度合いによって表現を調整すると、具体的に「どの程度同意／賛成しているか」が伝わります。

② 相手へ気を遣いながら反対意見を述べる ◀ Track 4-8

Agree to disagree という表現があります。「反対の意見を持つこと自体に同意する」という意味で、筆者が勤めた最初の外資系企業で聞き、その後も職場やリーダーたちのスピーチに登場しました。考え方や意見の多様性を尊重し、大切にする姿勢が表れています。違う意見から学ぶものもあり、物事を別の視点から見られ、改善にもつながることがあります。

反対意見を言う時は、その理由を述べ、diplomatic and kind であるこ

とを心がけます。ちなみにここで言う diplomatic は「外交上の〜」の意味ではなく、人を責めたり攻撃しないように言動や行動に気を配れる人を表す言葉です。この agree to disagree のマインドセットと diplomatic and kind な態度で、「誰にでも意見を持つ自由があり、それを認める」ということを示します。

　また、伝え方にも気を配ります。一方的に自分の意見を言う、直接的でぶっきらぼうな表現を使う、相手の逃げ場がなくなるように追い詰めたり責める、ということをしないよう、表現方法に注意します。本書で紹介するクッション言葉を用いた表現や、言いにくいことをやんわりと言うための表現を参考にして、ご自身の意見やアイディアを発信してみてください。

　相手に反対の意見を述べるときは、場面に応じて次のような流れで対話を進めましょう。

1. 相手の意見を受け入れ、共感する・理解を示す

I understand what you're saying.
おっしゃっていることは理解しています・よくわかります。

I see what you mean.
おっしゃっていることはわかります。

I understand your point.
おっしゃっていることは理解できます・よくわかります。

2. 自分の考えを述べる、提案する、代替案を出す

(I'm afraid) I have a different opinion on that.
（恐れ入りますが、）私は違う意見です。

229

I see it from a different perspective.
私は違う見方をしています。

Another way to look at it is...
別の見方としては〜があります。

I'm afraid I have to disagree.
申し訳ないですが、反対の意見です。

I'm not sure that I agree with that.
それについては賛成できないかもしれません。

I disagree with that [view/conclusion].
（その意見／結論には）反対です。　　※I disagree with you. は直接的で相手を攻撃
しているニュアンスなので、「you（＝相手本人）」ではなく「その意見や結論」にフォーカスしています。

I think there is a different way to look at this.
他の見方もあるように思います。

To look at it from a different point of view, ...
他の視点から見ますと…

I appreciate what you are saying, but from my point of view...
おっしゃっていることはわかります。ただ私が思うのは…

I understand your point. That's one way to look at this, but I
believe that...
おっしゃっていることはよくわかります。確かにそういう見方もあります
が、私が思うのは…

You have a good point, but I think there's another side.
それは良い点ですが、別の面（考え方）もあるように思います。

It seems to me that...
私には〜のように思えます。

I understand that...may be a concern. However, if we consider...
〜について懸念があるかと思います。しかし、〜を考慮すると…

If we look at this from another angle, ...
これを別の角度から見ますと、…

3. その考えや案をバックアップしたりサポートする事実や証拠を出す

　反対意見を述べるだけではなく、代替案や、相手に新しい見方や解決策
を提案できるようにフォローします。自分の考えを裏付ける事実や証拠を
出すことができれば説得力が加わり、相手は責められていると感じにくく、
建設的な話し合いに発展するきっかけにもなります。

According to [research], ...
[調査] によると…

Based on what I've found, ...
調べたことによると…

As a result of further investigation, ...
さらなる調査の結果、…

[Recent research] shows that...
[最新の調査] が示すのは…

4. これまでの（相手の）話とリンクさせて相手にも考えを述べる余裕を
   与える

Those are my thoughts, but please correct me if I'm wrong.
それが私の考えですが、間違っていたら教えてください。

I may be wrong, but that is my perspective on this [issue].
What are your thoughts?
間違っているかもしれませんが、それが私の [この件] に対する考えです。
あなたはどのように思われますか？

[I understand your point. However, I believe that ...] I'd like to
know what you think about that.
[その点は理解します。ただし、〜だと思います。] その点について、
ご意見をお聞きしたいです。

⇑⇑⇑ | Stepping Up ——歩上を行く——　　　🔊 Track 4-9

☑ 言いにくいことを言うときのクッション言葉

　反対意見を言う、相手にとって不都合なことや残念なことを伝える、断るなど、言いにくいことを言うときには発言の文頭にクッション言葉を添えて丁寧に伝えます。言葉通りクッションで覆うイメージで、日本語で言う「恐れ入りますが」「残念ですが」などと同じように、その次に続く発言からの「衝撃」をやわらげたり、相手に心の準備をさせてから伝えるという思いやりです。

I'm afraid that...
申し訳ございませんが…／恐れ入りますが…

Unfortunately, ...
残念ながら／あいにく…

I'm sorry to trouble you, but...
お手数をおかけいたしますが…

I understand that..., but...
〜だとは承知しておりますが…

We realize that..., but...
〜だとは思いますが、…

Best Practices ―現場からのヒント― ◀ Track 4-10

☑ 「難しいです」の直訳は伝わらない

　日本語では、相手に直接的に断るのを避け、角が立たないように「難しいです」と婉曲的に言うことがあります。しかし、これを英語で That would be difficult. と直訳しても、その裏にある本音や気配りは伝わりません。文字通り「それは難しいです」と受け取られ、人によっては引き受ける前提で「やるけれど、（その作業や内容などは）難しいです」と捉えられるかもしれません。

　繰り返しになりますが、ビジネスでは曖昧なまま相手を迷わせて誤解させてしまうのは危険です。丁寧に表現しつつ、はっきりと伝えましょう。

　本当に考えたいときは、以下のようにその旨を伝えます。

I'd like to think about this a little further.
もう少し考えたいです。

Can I get back to you on this tomorrow?
明日お返事してもよろしいでしょうか？

May I think this over for a day or two and get back to you?
1–2日ほど考えてからお返事してもよろしいでしょうか？

05

会議を効率よく進める

The Essentials ―本当の基本―

ミーティングの種類とキックオフの言葉

🔊 Track 4-11

　グローバルな企業で働くと、1対1から世界各地の支社をつなぐビデオ会議まで、様々な形式のミーティングに参加する機会があります。ここではミーティングの種類と、それぞれの始まりでよく使われるフレーズを見ていきます。

Catch-up meeting　キャッチアップ・ミーティング

　カジュアルなセッティングで、1対1または少人数で行われ、近況報告などが行われます。

　内容やアジェンダはその時の状況やニーズによって変わりますが、例としては以下のようなトピックについて話し合われます。

- 参加できなかったミーティングの内容について別途話す
- 近況
- 最近の課題
- 仕事内容、結果などのフィードバックの共有

I'd just like to catch up with you and see how things are going (with...).
キャッチアップをして、（〜についての）近況を聞きたいと思います。

It's been a while since we last had a meeting, so I thought it might be good to catch up.
前回のミーティングから時間が経っているので、キャッチアップするとよいと思いました。

I'm not able to attend the meeting tomorrow, so is it ok if I catch up with you separately?
明日のミーティングに出席できないので、別途キャッチアップしてもよいですか？

This is a catch-up meeting for those who weren't able to join the call yesterday.
昨日コール（電話会議）に参加できなかった人のためのキャッチアップミーティングです。

1-on-1 meeting　ワン・オン・ワン　ミーティング

　1対1のミーティングで、上司と行うことが多いですが、相手が同僚やメンターの場合もあります。内容はキャッチアップ・ミーティングと重なるものの、パフォーマンスやキャリアディベロップメントの悩み、仕事や態度へのフィードバックなど、普段のコミュニケーションやメールではカバーしきれない部分についてフォーカスすることが多いです。コミュニケーションを増やし、信頼関係を深め、お互いに上司や部下として成長する良い機会になります。

- 最近達成したこと
- 立ちはだかっている壁や悩み、課題
- 今フォーカスしていること（スキル、仕事、関係作りなど）
- チームの改善点
- 仕事外のこと（家族、仕事外の楽しみ）　※上司と部下の関係作りのために適切な範囲で個人的なトピックについて話すことがあります。例えば、家族の中で死や病気、引っ越し、大きなストレスなどがあれば、上司に状況について理解を得ることができ、必要であれば勤務時間や自宅勤務、休暇などの調整を検討してもらえます。

上司がミーティングを始める際のフレーズの一例

Is there anything that we should focus on today?
今日フォーカスするべき点はありますか？

Are there any recent accomplishments [obstacles] that you've had since we last met?
前回ミーティングをしてから何か達成したこと（立ちはだかっていること）はありますか？

How are you?
How are things going?
最近どうですか？

自分からミーティングをナビゲートする場合
I'd like to discuss ... with you today.
今日は〜についてお話ししたいです。

I would like to ask for your feedback on ...
〜についてフィードバックをいただきたいです。

Could you please tell me what skills I should develop for my career progression?
キャリアアップをしていくためにはどのようなところを磨く必要がありますか?

Briefing meeting　ブリーフィング・ミーティング

　イベントやプロジェクト、会社の新しいシステムなどの概要を説明するミーティングです。

　イベントやプロジェクト、あるいは新しいシステムの導入の前に、参加者や関係者を集めて準備に向けて情報を共有し、必要な注意事項などを説明します。話し合う場と言うよりも、プレゼンターが参加者に説明を行い、質問に答える場です。上司に対して企画や仕事の説明をしたり、ミーティングの前に参加者や内容などについて説明することもあります。

We'd like to brief you on...
〜についてブリーフィングいたします。

Please review the (attached) handouts prior to the briefing meeting next week.
来週のミーティングの前に(添付ファイルの)資料をお読みください。

I'd just like to quickly brief you on the project before we move forward.
このプロジェクトが進む前に少しだけ説明したいと思います。

In this meeting, we'd like to give you an overview of the (project).
このミーティングでは、この（プロジェクトの）オーバービュー（概要・目的などを含む）を説明いたします。

Debriefing meeting　ディブリーフィング・ミーティング

事前に行う Briefing meeting とは反対に、結果、報告、まとめなど、何か終えたことについて話し合うミーティングです。

- クライアントとのミーティングの内容を上司に報告する
- プロジェクトなどの終わりに参加者や関係者のフィードバックを共有し合う。結果を振り返り、分析し、改善するべき点などを話す。"lessons learned"（＝学んだこと）という単語を使い、なぜ失敗・成功したかを考え、どのように今後その学びを活かせるかなどを話します。
- イベントの後に関係者に当日の様子や結果などを説明する

This is a debriefing meeting to discuss the results and any suggestions for improvement for next time.
このミーティングでは結果と次回のための改善点などを話し合いたいと思います。

I'd like to go over the results of the survey.
アンケートの結果についてお話しします。

I'll summarize our key findings from...
〜からわかった重要な点についての要約をお話しします。

239

We'd just like to wrap things up with a meeting to share any thoughts or suggestions for the future.
（プロジェクトなどの終わりに）まとめのために、ご意見や今後のための提案などを共有し合えればと思います。

Kick-off meeting　キックオフ・ミーティング

　プロジェクトのローンチなど、何かを始めるときに文字通り「キックオフ」する際、関係者を集めて行うミーティングです。関係者が、目的や作業範囲などについて共通認識を持っていることを確認する役割もあります。

- 関係者の紹介、自己紹介
- プロジェクトの概要やスケジュール
- 責任や役割分担
- 今後どのようなコミュニケーションがとられるか（メールやチャットの使用、ミーティングの頻度など）

We'd just like to kick off (the project) with a meeting to introduce each other to the group.
（プロジェクトを）始める前にミーティングでグループのメンバー同士で自己紹介をしたいと思います。

The purpose of this meeting is to provide a general overview of the project and schedule.
このミーティングの目的は、プロジェクトの大体の（全体的な）概要とスケジュールをお伝えすることです。

We'd like to make sure we're all on the same page before we get started.
（会議を）始める前に、みんなが同じ理解や考えであることを確認したいと思います。　※on the same pageは2名以上の人が同意している、同じ理解や見解を持つ、同じものを目指している状態を表します。

Townhall / Town hall (meeting)　タウンホール（ミーティング）

　本来は政治家が公共施設で市民と対話や意見交換をする集会のことですが、ビジネスでは社長や役員が全社員に向けて、会社の動向や業績、方針などについて話す会（またはセッション）のことを指します。

　ミーティングという言葉が使われてはいるものの、実際には壇上からプレゼンターが、会社の業績や近況などを話すスタイルになります。

　筆者が働いた外資系企業の日本支社では、ニューヨークやロンドンから役員が来日した際に Townhall が行われ、全社員が大きなホールや会議室に集まりました。また、本社の課長や役員が香港オフィスを訪ねた際には、そこで Townhall を開き、同じタイムゾーンのアジアのオフィスにビデオカンファレンスで中継することもありました。

　Townhall では、社長や役員の話が直に聞けるだけでなく、最後に質疑応答の時間が設けられていることもあり、直接質問をすることのできる貴重な機会です。

Thank you all for taking the time to attend the Townhall meeting today.
皆さま、タウンホール・ミーティングのためにお時間をいただきありがとうございます。

> In today's Townhall, I'd like to go over the Q4 Earnings and talk a little bit about the prospects for 2021.
> 今日のタウンホールでは、第4四半期の決算報告と、2021年の見込みについてお話しします。

Conference call　カンファレンスコール（電話会議）

電話からdial inすることで、他の部屋、オフィス、地域にいる人が参加できるミーティングです。デスクからそれぞれの画面を見ながら、または画面を共有して話せるため、資料などを見ながら発表や意見交換を含むコミュニケーションがとれます。会議のホスト役がファシリテーターの役割を担うことが多いです。

- 決まった頻度でチームミーティングを電話で行う（特にメンバーが異なる地域のオフィスにいる場合）
- 関係者が別の部署や地域にいる場合、対面ではなくコールの方が効率良い場合はコールで話す
- デスクからそれぞれの画面を見ながら、または画面を共有して話す
- 社内のメンバーと、外部のクライアントやベンダーの担当者と同時にコールに参加して話す（ダイアルインのナンバーを外部の方に共有する場合と、社内の参加者がまず同じ部屋から電話をかける、または同じカンファレンスコールに参加し、外部の方に電話をかける形がある）

フレーズについては、Best Practices「電話・ビデオ会議もスムーズに」（p. 250）をご参照ください。

Video conference (meeting) ビデオ会議、ビデオカンファレンス

　カンファレンスコールと同様、離れた場所の参加者をつないで行う会議ですが、お互いの顔が見えるため、より face-to-face（対面）に近い感覚および効果があります。

- チームミーティングをビデオカンファレンスで行うことで、顔と名前と声が一致するようになり、よりチームの結束感を強くする効果がある。新しいメンバーを紹介するときに適している。
- 役員などのメンバーが出張で一つのオフィスに来ている場合、同じ地域のオフィスをビデオカンファレンスでつなぎ、その人のプレゼンテーションやスピーチを視聴する。画面上で他のオフィスの参加者も見えるので「一体感」が感じられる（例えば東京オフィスに来た場合、香港、上海などアジアのオフィスをつなぐ）。

　フレーズについては、Best Practices「電話・ビデオ会議もスムーズに」（p. 250）をご参照ください。

　会議について言及するとき、次のようなミーティングの頻度を表す言葉を覚えておくと便利です。

weekly
毎週の

biweekly, fortnightly　　※fortnightlyのみイギリス英語です。
2週に一度の、隔週の

monthly
月一の

quarterly
四半期ごとの

recurring
繰り返し起きる

one-off
一度限りの

The Basics of Meetings & Presentations

06　会議を円滑に進める ファシリテーション

　ファシリテーターはミーティングをスムーズに進めるために大事な役割を果たします。ミーティングにもよりますが、出席者の確認、内容や目的の説明、時間の管理、アジェンダに沿った進行、質問や意見の取りまとめなど、その役割は多岐にわたります。

　特にグローバルに働くと、海外オフィスの人とカンファレンスコールやビデオカンファレンスをすることがあり、そうしたファシリテーションスキルが重要になります。ファシリテーションに使う表現は、意見を聞いたり、話し手のバトンタッチをしたりする際に応用できるので、覚えておくと便利です。

The Essentials ―本当の基本―

1. **スムーズな流れで進める**
2. **議題（アジェンダ）をわかりやすく伝える**
3. **トピックの移りどきを見極める**
4. **会議をまとめる**

1 スムーズな流れで進める ◀ Track 4-12

　ミーティングで本題に入るときや話題を変えなくてはいけない際、効果的なキーワードやフレーズで進めるとスムーズになります。

　まず、参加者が全員集まったら、次のような表現が始まりの合図になります。参加者は、それまでの雑談やパーソナルデバイスでのメールチェックなどを止め、スピーカーに注意を向けます。

Thank you for attending this meeting today.
本日はご参加いただきありがとうございます。

There is a lot to cover in today's meeting.
今日のミーティングでは話し合うことがたくさんあります。

Let's get started.
始めましょう。

Perhaps we should get started.
そろそろ始めましょうか。

Let's get right into it.
早速内容に入りましょう。

Let's wait a few more minutes for people to arrive.
あと数人到着するまで数分待ちましょう。

❷ 議題（アジェンダ）をわかりやすく伝える ◀ Track 4-13

　外資系企業のミーティングでは基本的にアジェンダが事前に共有され、それに沿って進みます。効率や生産性を考慮し、場合によっては各項目の所要時間が決まっています。スピーカーは時間内で簡潔に話すため準備や練習をします。その意味ではプレゼンテーションと同じです。万が一時間が押してしまうと、ファシリテーターまたはタイムキーパーが中断することもあります。

Today, we will take the first 15 minutes going over the goals of this campaign. Then, we'll share ideas about the approach. We will spend the final 10-15 minutes confirming what we've agreed on and discussing the next steps.

最初の15分はキャンペーンの目標について話します。次に、そのアプローチについてアイディアをシェアします。そして最後の10-15分は合意した内容と、次のステップを確認したいと思います。

We'll spend the first 10 minutes going around and sharing regional updates.

最初の10分は各地域を回ってそれぞれのアップデートをシェアします。

First, I'd like to kick off the meeting with a few housekeeping items.

最初にいくつか事務的な連絡をいたします。

※housekeeping = ホテルなどのハウスキーピングではなく、事務的なことや日常業務の意味

The purpose of this meeting is to agree on the schedule for launching the application.

このミーティングの目的は、アプリのローンチのスケジュールについて合意することです。

Let's try to generate a few ideas to market the new service.

新サービスのマーケティングについていくつかのアイディアを出し合いましょう。

③ トピックの移りどきを見極める 🔊 Track 4-14

　トピックからトピックへスムーズにつなげるためのフレーズをうまく使って自然な流れを作ります。また、ミーティングは情報共有だけではなく、明確な目的や「着地点」があります。そのため、議論の脱線を最小限に留め、時間配分を意識しながら次に進めていく必要があります。

> Now, let's move on to the next topic on the agenda.
> それでは、アジェンダの次のトピックに移りましょう。
>
> Does anyone have any questions or comments before we move on?
> 次の議題に移る前に、ご質問やコメントなどはございますか？
>
> In the interest of time, let's move on to the next topic.
> 時間を考えて、次の議題に移りましょう。　　※この場合、interestは「興味」ではなく、「時間を考慮して」というニュアンスです。In the interest of time というフレーズは、時間に限りがあるときや、進行が遅れているときなどに言います。
>
> If there are no further questions or comments, let's move on to the next item.
> もし他にご質問やコメントがなければ、次の議題に移りましょう。
>
> We're running short on time, so I'd like to move on to the next topic.
> 時間がなくなってきていますので、次の議題に進みます。

話し手の「バトンタッチ」

　トピックが変わる際、スピーカーも変わるときは次のように「話者交代」します。

Now, I'd like to turn it over to...
それでは、〜にお話しいただきます。

I'll hand it over to Jake to explain the details.
詳細についてはジェイクにお話しいただきます。

Let's start with Emi.
エミから始めましょう。

Over to you, Jun.
ではジュン、どうぞ。

Back to you, Emi.
エミ、あなたに（話をする役割を）戻します。

❹ 会議をまとめる 🔊 Track 4-15

　ミーティングの終盤では残り時間や必要に応じて質問やコメントを受けつけます。そして、合意したことや内容を簡潔に要約し、次のステップやアクションとそれぞれの担当者や期限について確認します。

Does anyone have anything that they'd like to add?
どなたか何かつけ足したいことはありますか？

Does anyone have any final questions or comments?
最後に質問やコメントのある方はいますか？

I'll send a recap email after this call/meeting.
会議が終わったらまとめのメールを送ります。

Let's make sure that everyone is on the same page before we close off.
終わる前に、全員が同じ理解（認識）でいることを確認しましょう。

Let's start wrapping this up.
そろそろまとめに入りましょう。　※wrap up＝（話を）終える、まとめる、締めくくる

Let's confirm the next steps.
次のステップについて確認しましょう。

Let's go over the next steps [action items] before we wrap this up.
終わる前に、次のステップ［アクションする項目］について話しましょう。

Best Practices ―現場からのヒント― ◀ Track 4-16

☑ 電話・ビデオ会議もスムーズに

　電話会議のときは相手の顔が見えず、声だけでは誰が発言しているかわかりにくいため、お互いに余裕を持ち、間を置くといった気遣いが必要です。また、感情や重要な点などは声のトーンでしか判断できません。

　さらに、他の国のオフィスで働く同僚やクライアントなどが相手の際には、メールでのやりとりを通してでしか性格や仕事の進め方などを知るすべがありません。

　電話会議のテクノロジーは進化しましたが、どうしてもコネクションが悪かったり、声がはっきり聞こえなかったり、少しの時差

があったりと、まだコントロールしきれない技術的な難点があります。スムーズにスタートするため、せめて開始前にダイアルインして接続できることを確認し、余裕を持ってスタンバイしましょう。

オープニング

Can you hear/see us ok?
聞こえますか？／見えますか？

Wave (to the camera) if you can see us.
見えたら（カメラに向かって）手を振ってください。　※ビデオ会議の場合

This is Mika speaking. May I ask who else is on the line?
こちら美香です。他にはどなたが（電話会議に）参加していますか？

Can everyone hear me?
皆さま聞こえますか？

We've got Ryo, Joanne, Martin, and Mika on the line.
涼、ジョアン、マーティンと美香が参加しています。　※電話会議の場合

We've got London and Tokyo on the line.
ロンドンと東京のメンバーが参加しています。　※電話会議の場合

May I ask who else is on the line?
他には誰が参加していますか？　※電話会議の場合

Let's get started.
では始めましょうか。

Let's get right into it.
では早速始めましょう。

In the interest of time, I think we should get started.
時間を考えると、始めた方が良いかと思います。　※開始時間になったり時間を過ぎた
とき、時間が限られていることなどを考慮して。この場合のinterest は「興味」という意味ではない。

Let's wait a few more minutes for everyone to join [dial in].
全員が参加 [ダイアルイン]するまであと少し待ちましょう。

　実際に会議が始まっても電話会議はデスクで受けられるため、つ
い画面を見て他の仕事をするなど、マルチタスクをして集中力散漫
になりがちです。あるいは、デスクの周りの会話がうるさくなって
しまったり、他の電話が鳴ったり、コントロールできないことも起
こりえます。
　そこで、参加者が出来るだけ電話会議に注意を向けられるよう、
次のような工夫をしたり、発言を促すようにするとよいでしょう。

話し始めるとき
This is Yuka in Tokyo.
東京の由香です。

会議中に相手の注意を引くとき
What do you think, Koji?
浩司、どう思う？

Let's go around and share our ideas. Let's start with Tokyo.
それぞれ意見を共有しましょう。まず最初に東京 (オフィス) から。

Can someone (quickly) summarize what we've discussed?
誰か、話したことを（簡単に）まとめてくれますか？

I hear some typing in the background. Let's stay focused on our meeting.
後ろでタイピング（キーボードを打つ音）が聞こえます。ミーティングに集中しましょう。

電話会議で相手の声が聞こえにくいとき

Sorry, I was on mute.
すみません、ミュート（消音設定）になっていました。

I'm hearing a lot of background noise. Could you please put yourselves on mute?
後ろで雑音が聞こえます。（発言してないときは）ミュートにしていただけますか？

I'm sorry but it's hard to hear you (with the background noise).
申し訳ありませんが、（相手または自分の周りの音で）声が聞こえにくいです。

Your voice sounds a little far. Would you please speak louder?
声が遠いようです。もう少し大きな声で話していただけますか？

Would you please speak louder into the microphone?
マイクに向けてもう少し大きな声でお話ししていただけますか？

Hi, I'm afraid the line is breaking up.
コネクションが途切れてしまっているようです。

質問やコメントを受けるとき

Does anyone have any questions (or comments)?
質問(やコメント)はありますか?

Does anyone have anything they'd like to add?
何かつけ加えたいことがある方はいますか?

Is there anything else we should cover?
他に話すべきことはありますか?

Do you have any questions regarding this?
この件について、何かご質問はございますか?

Please let me know if I can clarify anything.
何かご不明な点がありましたら、お知らせください。

Please feel free to jump in if you have any questions.
何か質問がありましたら、いつでも言ってください。

※jump in = 話に割り込む。コールなどではよく聞く表現です。

☑ 悪魔の代弁者

　ミーティングでは、理解を深めるために、または議論を活発にするためにあえて異論・反論の意見を言うことがあります。これをplay devil's advocate と言い、直訳すると「悪魔の代弁者になる」という意味です。ミーティングで以下のフレーズを聞いたら、その

254

後にチャレンジングな内容の発言が来るサインですが、意地悪をしたい、迷惑をかけたいという意図はありません。検討すべき点や解決すべき点などに気づくきっかけを提供してくれていたり、新たな視点に気づかせ、建設的な話し合いに導いてくれたりしているのだ、と理解しておきましょう。

Let me play devil's advocate...
あえて異論を言いますが…

I may be playing the devil's advocate, but...
「悪魔の代弁者」になるようですが（反対意見を言うことになりますが）…

☑ ミーティングの流れで役立つ表現

相手の間違いを指摘するとき

I'm afraid that might be a mistake.
恐れ入りますが、それは間違いのようです。

※You made a mistake. やYou're wrong. は直球で不躾です。フォーカスをyouではなく間違いそのものにシフトして、相手を責めたり攻撃しない表現を使います。

Could you please confirm if that is accurate?
それが正しいかご確認いただけますか？

脱線したとき

Let's go back to what we were talking about.
話していたことに戻りましょう。

It looks like we got off the topic.
話題・トピックからずれてしまったようです。

Let's discuss that at another meeting.
それについては別のミーティングで話しましょう。

行き詰まったとき、結論にたどり着けないとき
We don't seem to be making much progress on this.
（この件について）あまり進捗がないようです。

It seems that our discussion isn't going anywhere.
話があまり進んでいないようです。

Perhaps we can revisit this next week.
この件は来週もう一度話し合いましょうか。

The Basics of Meetings & Presentations

07

プレゼンは相手目線で

　Chapter 1 で「最初の数秒があなたの第一印象を決める」とお伝えしたように、プレゼンの際も最初の数秒で、あなた自身やプレゼン全体のイメージが決まります。よく現場で言われるのが、聴衆の印象に残るのは言葉そのものよりも、言い方や delivery（伝達の仕方やプレゼンの運び）、ボディランゲージなど non-verbal（言語以外）の部分だということです。

　印象に残るプレゼンを行うためには、聴衆を理解し、興味を引いて明確にメッセージを伝える工夫が必要です。それを助けるツールとなる英語表現や、表現以外についてもいくつかのヒントをご紹介します。

The Essentials ―本当の基本―

❶ 聴衆を理解する
❷ 声を調整して効果的に伝える
❸ メッセージをボディランゲージに乗せる
❹ スライドはシンプルにする

❶ 聴衆を理解する

　準備段階で意識すべきなのは、"know your audience" ― 聴衆を理解するということです。これは、プレゼンテーションスキルに関する記事や本でよく見かけるフレーズです。聴衆のバックグラウンド（職業、役職）はどうか、何を聞きたがっているか。一方で自分は誰に何を伝えたいのか。どのようなメッセージの伝え方が効果的か、などを考えます。

　こうした分析ができたら、内容とメッセージを伝える効果的な方法を考えます。そのためには、結論を最初に持ってくるのか、それとも先に背景

を説明するのか。プレゼンの後に相手に何かアクションしてほしいかどうか。これらを明確にして、プレゼンのストラクチャー（構成）を整えます。

　もうひとつ、聴衆に関して重要なのは、"engage your audience"（聴衆をもっと引き込み、アクティブに参加させること）です。聴衆について分析・理解したら、内容やメッセージを魅力的に伝えるため、声やボディランゲージ、資料などの効果的な使い方を考えます。

❷ 声を調整して効果的に伝える

　声に大きさの強弱やトーンの変化を加えることで、プレゼンテーションが生き生きとし、メッセージを効果的に伝えることができます。以下を参考にして、声というツールをうまく使ってください。

声のボリューム（音量）

　部屋の後ろにいる人にも聞こえるように、はっきりと話します。ただし、終始大きな声で話す必要はありません。むしろそうすると聞き手が疲れてしまうので、何かを強調したいときや注意を引きたいときは、逆に声を小さくしたり、声の強弱でメリハリをつけることで聞き手をengage（引き込む、受け身ではなく参加する姿勢にさせる）できます。例えば、ささやき声を使うと、聞き手にもっと耳をすませてもらう効果があります。

トーン（声色）

　モノトーンを避け、メリハリをつける方が聞き手を引き込みやすく、伝えようとしているメッセージが生きてきます。

ピッチ（音の高低）

　トーンと同様、ピッチにもメリハリが重要です。最後の言葉や語尾が上がると質問のように聞こえたり、自信が無いように聞こえるので避けましょう。

スピード

　内容に合わせてスピードに変化を加えます。例えば、重要な点や少々聞き取りにくい、または難しい数字などについて話す時はゆっくり落ち着いて話します。

　また、早めたり少し遅くしたりして緩急をつけることで相手を引き込むことができます。例えば、スピードを早めて盛り上げてから一呼吸置き、注目を集めてから強調したいポイントを発表すると効果的でしょう。

　ここでひとつ注意点があります。緊張すると早く話してしまうことです。日本語でも英語でも、練習のときよりも本番で話すと早く終わってしまった経験はありませんか？ 緊張すると早口になりがちなので、この点を意識して本番ではスピードを落として話すことをおすすめします。

間合い

　黙り込むという意味ではなく、少し間を置くことで聞き手の注目を引くことができます。また、聞き手に考えて理解するための余白や余裕を与える効果があります。

　この間を置くという方法はfiller wordsを避けるために使うこともできます。p. 219でもご紹介したfiller wordsはum...、well...、like...、you know... など、つい口にしてしまう「つなぎ言葉」ですが、日本語の「えーっと」「あのー」「そのー」「えー」「やっぱり」などと同様、できるだけ避けたいものです。あまり頻繁に使ってしまうと、聞き手は内容に集中できなくなり、wellやumの回数を数え始めてしまうことすらあります。

　そうした言葉を発してしまいそうになったときにぐっと抑えれば、「間」は作れます。「間」は、意味や役割の無い「無駄なつなぎ言葉」をなくすだけでなく、聞き手の注目を引き、インパクトのある伝え方に変えることができます。

⭕ Do's

🔺 Don'ts

感情

　プレゼンテーションはある意味ステージや演技のようなものです。ある程度感情を込めると自然と声の強弱などに変化が表れ、聞き手の注目を引くことができます。

③ メッセージをボディランゲージに乗せる

　プレゼンテーションスキルにおいて、ボディランゲージはとても重要な役割を果たします。これをうまく取り入れることにより、"build trust with your audience"（聞き手との信頼関係を築く）や "establish rapport"（人間関係を構築する、感情的な親密さを築く、調和した関係を作る）といった効果が得られます。

　ボディランゲージやデリバリーなど言葉以外の要素は、聞き手の第一印象の最大90％を占めると言われます。英語に自信がなく英語でのプレゼンに苦手意識を持っている方でも、文法が正しいかどうかに悩むよりも、伝え方、プレゼンの仕方に気を向けると良いでしょう。

表情
笑顔は自信を持っているのが伝わり、聞き手をリラックスさせる。ただ、内容や伝えたいメッセージによってはシリアスな表情も必要。表情に変化を加えることで聞き手を引き込むことができる。

アイコンタクト
スライドばかりを見ず、参加者とアイコンタクトを取る（1人につき3〜5秒。ただし凝視しない）。

姿勢
背筋を伸ばして立つ。あまり意味なく歩き回らない方が自信のある姿勢が伝わります。

手を後ろで組むと自信がなく不安な印象

両腕を組む姿勢も緊張した不安な印象

手を前に組む姿勢はフォーマル過ぎ、堅苦しい印象

アイコンタクト

アイコンタクトは正直さ、誠意、自信、信頼とつながっています。

プレゼンのコツとして有名なのが "toss the script"（台本を捨てろ）です。アイコンタクトを保つためにも、スクリプトに頼り過ぎないようにします。その方法としては、英語学習と同じように練習が有効です。本番でメモ程度のものを使うのは問題ありません。筆者が高校の先生に受けたアドバイスで今でも活用しているのが、インデックスカードにキーワードを書いておくことです。練習をすれば、キーワードを見ただけで内容が記憶から出てくるようになり、台本を読み上げることもなくなります。カード自体は小さいので聞き手から見ても目障りにはならず、自然に視線を下ろしてキーワードを確認することができます。

手の位置

手はオープンにします。手で何をすればよいかわからず後ろや前で組んでしまいがちですが、自然に横に下ろします。指を意味なく動かしたり、持っている紙やペン、ジャケットの裾などを触れたりいじるのは聞き手にとって気が散ってしまうので避けます。

後ろで手や腕を組むと、自信がなくて insecure（不安、不安定、自信が持てない、心配）な印象になります。また、聞き手との間に距離ができ、信頼関係が築きにくくなります。

反対に、手を前で組むとフォーマルに見え、堅苦しい印象になり、聞き手に対してあまりオープンではない印象です。

両腕を組む姿勢も緊張した不安な印象を与え、聞き手との信頼関係やコネクションを築くことができません。手のひらをオープンにすることで、聞き手に安心感を与えます。

ジェスチャー

ジェスチャーに決まりはありませんが、話の内容やテンポに合わせ、何かを強調したいときに使うと良いでしょう。プレゼンの間中、手をずっと横に置いておくのは堅いイメージで、フォーマル過ぎて不自然ですが、あ

263

まり意味なく手を多く動かしていると、聞き手にはわずらわしく見えてしまいます。

次のようなジェスチャーは自然によく使われています。

- First..., second... と言うときに指でその数を示す
- レベルが上がる、価格が上がるなどを示すときは手のひらを下に向けて水平にし、上下させる
- 手のひらを上向きにして開く、広げる

自分のプレゼンは録画してチェックする

声やボディランゲージの癖や印象は自分では気づきにくいことがあるので、リハーサルをしてスマートフォンなどで全身（ボディランゲージを含む）が映るように録画をし、チェックしておくことをおすすめします。筆者も、自分が思っていた以上に笑顔がなく、緊張が聞き手にも伝染してしまったり、日本語でのプレゼンの場合には「〜と思います」と言う回数が多かったりと、改善点に気づくことができました。

人前で練習をしてフィードバックをもらうのも効果的です。特に英語でのプレゼンでは、どうしても言葉遣いや文法の方に意識を傾けてしまいがちですが、聞き手にとってはあなたの表情や振る舞いによってあなたの第一印象が決まり、プレゼンのデリバリーも印象に残ります。

先輩やプレゼンスキルの講師に「プレゼンを行う前に大事なことは？」「どうしたらプレゼンに自信が持てますか？」と問いかけると、決まって"practice!"という返事が来ます。Practice makes perfect. と言う様に、何度も繰り返し練習すれば、自信につながります。スクリプトがなくても、人前で頭が真っ白になっても、練習をした分だけ内容や流れは頭に入っているので、記憶から出てきやすくなります。

服装

人と対面するとき、最初に目が行くのは身だしなみです。服装や清潔感は、その人の印象に直結します。プレゼンの時に限らず、普段の服装につ

いては勤務先にドレスコードやポリシーがあればそれに従います。

　筆者の経験上、client-facing（クライアントと対面で仕事をする）ではない部署では、少々リラックスしたボトムズ（短パンやデニムを除く）とポロシャツや、女性であればワンピースなどでもOKな場合もあります。一方で、スーツとネクタイはマストの部署もあります。部署ごとのガイドラインや習慣については、その部署の人に聞いておくと良いでしょう。

　ただし、新入社員や新しく入社してきたばかりの方には「周りよりも少しフォーマルに」をおすすめします。"Dress for the career (job) you want, not the one you have." というフレーズがあります。「現在のキャリア・仕事・役職・立場ではなく、目標としているそれのための装いをしよう」という意味です。服装は自分自身のイメージの「プレゼンテーション」でもあり、周りに気配りできるか、その人は信頼できる人かどうかという判断にもつながります。

　また、仕事に対する姿勢やその先の何を目指しているかという「ステートメント」としても相手に伝わります。言葉というバーバルな要素以外に、服装や振る舞いも合わせてご自身のプロフェッショナリズムや姿勢が表れるのです。

顔だけでなく、全身の動きを撮影してチェックするのがポイント

Best Practices ―現場からのヒント―

☑ Fake it 'till you make it

　英語で "Fake it 'till you make it" という有名なフレーズがあります。ここでの fake は「偽物」（名詞）「騙す」「うそをつく」（動詞）ではありません。make it（成功している、うまくいく）するまで fake it（そうなっているように振る舞う）、つまり「自分が目標としている姿や立場に到達するまで 、そうなっているかのように振るまえ」という意味です。たとえば、目標としている人や人物像があるとしたら、その姿をイメージし、お手本にして振る舞いを意識していると、そのイメージ像に自分も少しずつ近づいていきます。また、実際にはなかなか自信が持てない場合でも、ちょっと背伸びして自信を感じさせる発言や振る舞いをすることで、相手を説得したり安心させたりできます。ある意味ハッタリです。それを続けていると、その振る舞いによって本当に結果が違ってきます。

　これに関連してもうひとつ有名なフレーズをご紹介します。昔、アメリカのデオドラントの広告のキャッチフレーズとして "Never let them see you sweat." というのがありました。この sweat にはふたつの意味があり、汗をかいていることを見せない（デオドラントの広告なので、その効果によって汗をかかない状態である）という意味と、緊張や慌てていて汗をかいているという姿を見せない、という意味です。このフレーズのように、内側では緊張で震えていても、表では自信に満ちた姿を保つ。これもある種のスキルです。

　プレゼンの場でも、自信に満ちた姿で信頼感を得られると、伝えているメッセージに説得力がついてきます。「騙されたと思って試してみて」ではないですが、筆者が継続してきた経験上、試してみる価値はあると信じています。

④ スライドはシンプルにする

　スライドはプレゼンのメッセージを伝えるための視覚的ツールのひとつですが、あくまでも visual aid（視覚資料）です。"aid" という言葉が入る通り、プレゼンを「サポートする」ツールなので、スライドにたくさん情報をのせて、それに頼ったり内容を読み上げるようなことは避けましょう。情報過多では聴衆にとって読みづらい上に、話し手の考えがまとまっておらず、重要ポイントが絞りきれていないという印象になります。

　目指すべきは「スライド1枚につき1アイディア／トピック／ポイント」です。スライドにはわかりやすくて簡潔なタイトルやキーワードを使うと良いでしょう。

　例は以下の通りです。

Snapshot (of X)　概略

Breakdown (of X)　概要、分析結果

Successes　成功点、成果

Achievements　成果、達成したこと

Highlights　ハイライト

Key Takeaways　キーとなる点や結論

Key Findings　重要な調査結果、発見、所見

Summary　まとめ、要約

Appendix　付録（資料）、補足（資料）　※スライドの最後に参考として図やグラフ、参考資料などを記載する。

08

プレゼンを
スマートにスタートする

　いかなるプレゼンにおいても、出だしが重要です。インパクトのある出だしは、聞き手の注意を引き、内容への関心を高めます。また、話し手も聞き手の反応を見て自信が深まるでしょう。

　出だしから「なりきる」「演じる」ことも効果的です。TED スピーカーやスティーブ・ジョブズのようなレベルではなくても、誰か目標になるような人になりきって話し始めると、その振る舞いでエネルギーやある意味「ノリ」がついてきて、発言に自信や力を持たせてくれることがあります。筆者自身、プレゼンというステージの主役を演じるような意識で話すようにしています。

　このチャプターでは、より自信を持ってメッセージを deliver する（伝える）ためのツールとなるフレーズをご紹介します。

The Essentials ―本当の基本―

出だしが肝心

◀ Track 4-17

　キャッチーなひとことで始める、聴衆に質問を投げかけてみるなどテクニックは色々とありますが、ベーシックな始め方としては、次の3つでまとめると良いでしょう。

- 自己紹介
- トピック紹介
- （話し手は）何を伝えたいか、（聞き手は）なぜ聞いたほうがよいか（メ

リットについて)

自己紹介

　自己紹介は「誰に話しているか」によって長さや内容をカスタマイズします。ここでも、「聴衆を理解する」ことが大切です。

　初めてお目にかかる場合は、フルネームと会社名（社外の場合）、所属部署や役職（ある場合）も述べておきます。社内であれば所属部署やチーム名、新入社員であれば入社時期を伝えるのも良いでしょう。

　自己紹介を通して話し手の「自信がある」「礼儀正しい」などの印象を作り出し、聞き手を引き込み、信頼を得ることを意識します。

Hi, I'm Megumi Kato. I just joined the firm in April, and I work in the IT department.
こんにちは、加藤恵です。4月に入社したばかりで、テクノロジー部に所属しています。

Hi, I'm Hiro Bando. I'm an analyst in the Research Division, and I've been with the firm for three years.
こんにちは、坂東ヒロです。リサーチ部のアナリストで、この会社で働いて3年です。

Hello, I'm Junichi Hosoda. I am an engineer and have worked at two major IT firms in Japan and Silicon Valley for the past five years.
細田淳一と申します。エンジニアとしてここ5年、日本とシリコンバレーの大手IT企業2社で働いてきました。

トピック紹介

　プレゼンテーションで話すトピックを伝えることで、聞き手は何について聞けるのか、どのような情報を期待できるかがわかります。聴衆はトピックについてすでに知っている上でプレゼンテーションを聞きに来ている場合でも、改めて簡潔に伝えます。

Today, I'm going to talk about...
本日は〜についてお話しいたします。

(In my presentation,) I'd like to share with you...
（このプレゼンでは）〜についてシェアしたいと思います。

Today, I'd like to make a brief presentation about...
本日は〜について簡潔なプレゼンテーションをしたいと思います。

I'd like to cover A, B, and C in this presentation.
このプレゼンではA, B, Cについてお話しいたします。

（話し手は）何を伝えたいか、（聞き手は）なぜ聞いたほうがよいか（メリットについて）

　相手が自分のプレゼンになぜ関心を持つべきか、聞くことで何が学べ、どのような価値や効果、利点があるのかを理解してもらいます。これも相手の注意や興味を引く効果があります。

After this presentation, you will know more about [you will have a deeper understanding of]...
このプレゼンテーションを聞いたあと、〜についてより知ることができます［理解を深めることができます］。

This session will help you develop your skills in...
このセッションはあなたの〜スキルをより高めることができます。

My goal of this presentation is to help you understand the benefits of...
私の目標はこのプレゼンテーションを通して皆さんが〜の利点について より理解を深めることです。

By the end of this presentation, I hope that you will understand the benefits of...
このプレゼンが終わるころには、〜の利点をご理解いただけましたら幸 いです。

09 プレゼンの ロードマップを示す

プレゼンを行う際、事前に全体図が見えるように口頭でロードマップのようなものを示すと、聞き手はこれから何が話されるかや、どのような点に注目するべきかがわかり、話をフォローしやすくなります。時間配分や流れも説明すると、「〜についてはいつ話すのだろう」「質問は途中でできるのか、最後まで待つべきか」などと迷うこともなく、もっと内容に集中もできます。Managing expectations（相手の期待をマネージする）のための有効な方法です。

The Essentials ―本当の基本―

> **プレゼンのロードマップを共有する**

◀ Track 4-18

オープニングの3項目の後、またはトピック紹介の後（「何を伝えたいか」の前）にプレゼンのロードマップを共有するのが自然なタイミングです。

> There are three things I'd like to share with you today.
> 今日は3つのことについてシェアしたいと思います。
>
> ※I'd like to talk to you about...という表現の仕方もありますが、筆者の経験上、現場ではshareがよく使われる印象があります。「共有する」ニュアンスがあり、一方的な「話す」よりも「皆さんと情報や知識を共有する」という印象になります。

I'd like to talk about four things today.
今日は４つのことについてお話ししたいと思います。

The first is.../The first one is...
最初は／最初の点は…

The second [third] one is...
２つ目［３つ目］は…

That brings us to the last point, which is...
そして最後の点は…

First, I will discuss A. Then, I will talk about B.
最初はＡについてお話しします。次に、Ｂについてお話しします。

I will discuss A for the first 10 minutes, then move on to talk about B for 15 minutes, and leave about 5 minutes at the end for Q&A.
最初の10分はＡについてお話しし、次にＢについて15分ほど話し、残りの5分ほどを質疑応答の時間にします。

I'd like to cover three topics in my presentation. First, I'll take about ten minutes to give an overview of the campaign. Second, I'll talk about the target group for the campaign. Third, I'll discuss the competitor landscape. Finally, I will leave about five minutes for questions.
このプレゼンテーションでは３つのトピックについてお話しします。最初の10分ほどはキャンペーンの概要についてご説明します。２つ目に、キャ

ンペーンのターゲットグループについてお話しします。3つ目に、競合他
社の状況についてお話しします。最後の5分ほどは質問を承る時間とし
て残したいと思います。

We will take a ten-minute break around two fifty.
2時50分頃に10分間の休憩を入れます。

We will have a ten-minute break after talking about B.
Bの話の後に10分間の休憩を入れます。

Please feel free to interrupt me with questions.
ご質問などありましたら、プレゼンの途中いつでもお声がけください。

I'd be happy to take questions before the break and at the
end.
休憩の前と最後にご質問を承ります。

I will open it up to questions at the end.
最後に質問をお受けいたします。

The Basics of Meetings & Presentations

10 スムーズにプレゼンを進めて メッセージを伝える

　電話や会議のときと同様、プレゼンの際にも、内容やメッセージを効果的に伝えるためのツールとなる英語表現があります。自分の話を「ファシリテート」するようにスムーズに進めると聞きやすく、説得力や信頼度の高いプレゼンになります。

The Essentials ―本当の基本―

キーフレーズでプレゼンの流れをスムーズにする

🔊 Track 4-19

　プレゼンテーションの流れをスムーズに変えるフレーズを数パターン覚えておくと便利です。ある意味、提示したロードマップ上の「ナビゲーション」になるフレーズです。そのようなシグナルになるフレーズによって、聞き手は「トピックが移るんだな」「詳細が聞けるのだな」とわかり、聞くべきポイントに集中できます。

説明する

I'd like to explain a little bit about...
〜について少し説明いたします。

I'll talk [explain] a little more about that later.
それにつきましては、後ほどもっとお話し [説明] いたします。
※talkをexplainにしても問題ないです。

I'd like to elaborate on...
〜についてより詳細に説明いたします。

I'd like to expand on this a little more.
これについてより詳しく説明いたします。

There are several reasons. First, ... Second, ...
いくつかの理由があります。最初は…。2つ目は…。

There are three advantages to this.
3つの利点があります。

On the other hand, the disadvantages are...
その一方で、不利な点は…

The advantages (of this) are...
（これの）利点は…

The disadvantages (of this) are...
（これの）不利な点は…

順番を明示する、トピックを切り替える

First, .../ Second, .../ Third, .../ Fourth, ...
まず・最初に…／次に・2つ目に…／3つ目に…／4つ目に…

Firstly, .../ Secondly, ...
最初に…／次に…

Then, (I will talk about / I will discuss) ...
では、(…についてお話しします)

Next, (I will talk about / I will discuss) ...
次に、(…についてお話しします)

Finally, ...
最後に…

Lastly, ...
最後に…

First, I'd like to talk about...
まずは／最初は〜についてお話しします。

Next, I will talk about...
次に、〜についてお話しします。

Next, let's look at...
次に、〜を見ていきましょう。

Now, let's look at...
では、〜を見ていきましょう。

Now, let's turn to...
では、こちらに目を向けましょう。

In addition, ...
さらに／それに加えて、…

Because of this...
それにより／そのため…

In other words, ...
言い換えると／要するに…

This means that...
つまり（〜という意味です）

比較する

In contrast, ...
反対に…

On the other hand, ...
その一方で…

In comparison with...
〜と比較すると

As opposed to A, B is...
Aの反対にBは…

例を挙げる

For example...
例えば…

As an example, ...
例としては…

To give an example, ...
例を挙げますと、…

Let's look at an example.
例を見てみましょう。

In this case, ...
この場合は…

Let's say that...
〜としますと

Suppose that...
例えば…

For instance, ...
例えば…

結果を説明する

For this reason, ...
その理由で／それにより…

As a result, ...
結果として…

Because of this, ...
これにより…

データや図を参照する

As you can see on this slide, ...
スライドにあります通り、…

As the graph shows...
このグラフが示している通り、…

According to...
〜によると

＋　...の部分に足す

the data
このデータ

our findings
我々の調査結果

our study
我々の研究、調査

this study
この研究、調査

the study by ...
〜の研究、調査

Our data shows...
（我々の）データが示すのは…

Based on our findings, ...
（我々の）調査結果によると、…

問いかけをする・聞き手を引き込む

　聴衆に問いかけをしたり、意見を聞くことによって、プレゼンがインタラクティブになり、プレゼンのインパクトや聴衆のエンゲージメントも高まります。

Has anyone had an experience of...?
〜の経験のある方はいらっしゃいますか？

Have you been in a situation in which...?
〜の状況になったことはありますか？

Who here [has ever read the book]...
〜[その本を読んだ]方はいらっしゃいますか？

Please raise your hand if you...
〜の方は手を挙げてください。

Did you know that...?
〜をご存知でしたか？

Could I see a show of hands of who here has...?
〜の方は手を挙げてくださいますか？

プレゼンの最中に挟める

Please feel free to ask any questions during the presentation.
質問がありましたら、プレゼンの途中でもお気軽にお聞きください。

Please feel free to interrupt me with any questions.
質問がありましたら、途中でもいつでも言ってください。

I'd just like to quickly check the time.
ちょっと現在の時間を確認させてください。

※スマホや時計をチラチラと見て気が散っているように見えるよりも、このような一声があると良い印象になります。

休憩を入れる

Now, let's take a 10-minute break, and continue at three thirty.
では10分の休憩を取り、3時半から続けましょう。

Let's take a quick break and re-group in five minutes.
ちょっと休憩を取り、5分後にまた集まりましょう。

Let's take a short break. Please return at three o'clock.
では、少々休憩を取りましょう。3時に戻ってきてください。

When we return after the break, we will continue looking at...
戻りましたら、〜について続けて見ていきます。

After we return, I will talk about...
戻りましたら、〜についてお話しします。

話をまとめる

Let's recap what we've covered.
これまで話してきたことをまとめましょう。

※recap ＝要点、まとめ。名詞としても動詞としても使います。

Let's wrap things up with a quick summary.
まとめるため、短く要約しましょう。

I will summarize the main points of my presentation.
プレゼンテーションの要点をまとめます。

I'd like to make a few suggestions.
いくつかご提案をいたします。

I'd like to propose that...
〜を提案いたします。

In conclusion,
つまり／結論として

In summary,
つまり／要点をまとめると

To sum up,
話をまとめると

The bottom line is that...
要するに／最終的に

最後の挨拶

　日本語のプレゼンテーションでは「ご静聴ありがとうございました」と言いますが、英語のプレゼンテーションでは同じ意味のフレーズはなく、直訳の Thank you for listening quietly. とは言わないので、以下のような終わり方で良いでしょう。

That wraps up my presentation today.
プレゼンテーションはこれで終わります。　※少々カジュアル

Thank you.
ありがとうございます。

Thank you for your time today.
お時間いただきありがとうございます。

Thank you for taking time out to come to my presentation today.
プレゼンテーションのためにお時間いただきありがとうございます。

Thank you again for coming today.
改めまして、今日はお越しいただきありがとうございます。

質問を受ける

I'd be happy to take any questions (now).
（では、）質問を受けつけたいと思います。

Does anyone have any questions (up to this point)?
（ここまでで）何かご質問ございますか？

What questions do you have?
どのような質問がありますか？　※オープンな印象を与えられる表現です。

I'd like to open it up to questions now.
質問を受けつけたいと思います。

Please let me know if I can clarify anything.
何かご不明な点（明確にするべき点）がありましたらお知らせください。

That's the end of my presentation, and I'd be happy to take some questions.
これでプレゼンテーションは終わりますので、ご質問を承ります。

I'll open it up for some questions.
ご質問を承ります。　　※open it up＝開く、質問をオープンに受けつける。

We have about five minutes left, and I'd be happy to take some questions.
あと5分ほど残っていますが、ご質問を承ります。

 ## Best Practices —現場からのヒント—

☑ As I mentioned earlier はインパクトを薄める

　トピックや話をつなげるフレーズはプレゼンテーションのスムーズなフローに効果的ですが、ものによっては多用しない方が良いものもあります。例えば、「先ほど申し上げましたが」の意味のAs I mentioned earlier...や、「最初にお伝えした通り〜」のAs I mentioned at the beginning...といった表現は、実際に聞くことはありますし、言ってはいけない訳ではありません。

　ですが、この前置きがあるとその次にくるメッセージが少々弱くなります。必要のないものはカットし、最小限で簡潔に話すことで、メッセージにインパクトを持たせましょう。以下も同様に、多用しない方が良いフレーズです。

286

As you know, ...

ご存知の通り…

※相手が知らない可能性もあるため、知っていると想定するのは失礼になることもある。

As you might be aware, ...

ご存知の通り…

You might already be aware, but...

ご存知かもしれませんが…

 Stepping Up ——歩上を行く—— 🔊 Track 4-20

☑ 相手の質問を繰り返して言う

　聴衆から質問が挙がったら、答える前にその質問を全員の前で繰り返すか、言い直すこともおすすめです。聞き取れなかった人が改めて質問内容を聞き直すことができるだけでなく、繰り返すことによって話し手自身にも答えを頭の中でまとめる余裕が生まれます。

Let me repeat the question in case others couldn't hear.

他の人が聞こえなかったときのために、質問を復唱します。

Thank you for your question. I'll repeat his/her question for the entire group.

ご質問ありがとうございます。全員のために、彼／彼女の質問を復唱します。

287

Best Practices ―現場からのヒント― 🔊 Track 4-21

☑ 質問に答えられないときの処方箋

　事前に質問を想定して準備することは必要ですが、プレゼンの
テーマについて完璧なエキスパートではない限り、答えがわからな
いときもあるでしょう。そのような場面で、I don't know.（わかり
ません）とだけ言って終わってしまうのは好ましくありません。

　正直にわからないことを伝え、可能であればわかる範囲で部分的
に答えるか、わかっていることをもとに自分の意見や考えを述べる
か、調べて後で連絡するといったアプローチが良いでしょう。とり
わけ、フォローアップしたり、追って回答するなど、誠意を見せて
次につなげるアプローチは信頼感を得られます。

Let me see...
そうですね…

Please let me think for a moment.
少々考える時間をください。
※繰り返しになりますが、Let me see... などと言って考えるとき、um..., well..., などの filler words
（意味を持たない言葉）で間を埋めるのは避けましょう。プロフェッショナルでない印象を与え、時間の
無駄にもなります。

I'm afraid I don't have the answer right now, but I will check
（または look into it）and get back to you later.
申し訳ないですが、今すぐにお答えできません。確認して（調べて）後で回答
いたします。　※実際に調べて回答する意図があるときのみ使います。

That is a great question. I don't have the complete answer to that right now, but I can give a partial answer to that, which is...

良い質問ですね。あいにく今は完全な（完璧な）回答ができず、部分的な回答にはなってしまいますが、…。

※ That's a good (great) question. は、文字通りの意味もありますが、「鋭い点ですね」「鋭いところをつきましたね」「良い点ですね」というニュアンスも含まれます。答えを用意していなかったり、難しい質問だったり、考えていなかったりしたときで、すぐに答えられないとき、少し困ったときにも使います。That's a great question. Let me see... などと考えて、時間稼ぎをするときにも使います。

Thank you for raising that point.

その点を（話に）挙げていただきありがとうございます。

Thank you for bringing that up.

その点を（話に）挙げていただきありがとうございます。

I'm afraid I don't have the answer (to that).

恐れ入りますが、（それについては）わかりません。

I'm not able to answer that in full, but I can offer a partial answer to that.

完全な回答をすることができないのですが、部分的にお答えできます。

Please allow me to confirm this and get back to you later.

確認して後で回答をご連絡させてください。

I will look into this and get back to you.

調べてご連絡いたします。

Review Dialogue 4-1 復習ダイアローグ 4-1

● Scene: ケイティさんがグローバルヘルスケアビジネスエキスポのスケジュール案について、参加者に意見を求めています。

● A = Katy Hill (Facilitator/Manager)　B = 山本信二　C = John McGill
D = 加藤恵美

A : It looks like almost everyone is here, so in the interest of saving time, let's get started a bit early. ❶ First of all, I hope you've reviewed the proposed schedule for the Global Healthcare Business Expo that I sent out by email. Rather than going over it in detail, perhaps we could start with any questions you have.

B : I understand that our team should put together slides for the presentation. I'd just like to confirm who will make handouts for the participants. ❷ Could you please let me know who you have in mind for that?

A : Thank you for asking, Shinji. I was hoping that John could prepare the handouts, since we always receive a lot of positive feedback on the materials that he creates. John, would you be able to take this on?

C : Sure, I'd be happy to work on it. Just to check, I should wait until Shinji's team finishes working on the slides, and work on the handouts based on the contents of the slides, is that correct? ❸

A : Yes, that's correct.

C : I see, in that case, when would you like the handouts ready by?

A : The Expo is on October fourteenth, so I'd like to see the draft by the ninth.

C : If Shinji's team is delayed in finishing the slides, I might not be able to complete the draft by then. Would it be possible to have someone else work on this with me to speed up the process? ❹

A：ほとんど全員が集まっているようですし、時間に限りもありますので（直訳は「時間をセーブするため」）、早めですが始めましょう。❶ まず、メールでお送りしたグローバルヘルスケアビジネスエキスポのスケジュール案についてはすでにお目通しいただいていると思います。詳細についてお話しするよりは、まずはご質問がありましたら承りたいと思います。

B：私たちのチームがプレゼンのスライド作成の担当だと理解しています。参加者用の配布資料を作成する担当者を確認したいです。❷ どなたかその責任者になるかお考えはありますか？

A：ご質問ありがとうございます、信二。ジョンに担当していただけたら良いと思っていました。彼が作成する資料は、いつも良いフィードバックをたくさんもらっていますので。ジョン、ご担当いただくことは可能ですか？

C：はい、喜んで担当します。ちょっと確認したいのですが、信二のチームがスライドの作成が終わるのを待って、その内容をもとに配布資料を作成するべきということで間違いないですか？ ❸

A：はい、そうです。

C：わかりました。では、いつまでに配布資料をご用意しましょうか？

A：エキスポは10月14日なので、10月9日までにはドラフトをいただきたいです。

C：申し訳ないのですが、信二のチームの作業が遅れたら、配布資料のドラフトが間に合わないかもしれません。作業を早めるために、どなたかもう一人協力していただくことは可能ですか？ ❹

A：I understand. Shinji, could you work on this with John after you finish the slides?

B：Sure.

A：Great, thank you. Should we have another meeting on Friday to touch base on the progress?

B：<u>We could do that, but I believe it would save time and speed things up if we do things by messenger so that as soon as things come up, we can respond to things without waiting until Friday.</u> ❺

D：<u>I completely agree with Shinji.</u> ❻ That might be beneficial for everyone.

A：How does that sound? Does that work for everybody?

A：OK, if that suits everyone, let's do that. Thank you for the suggestion.

A：わかりました。では信二、スライドが終わったらジョンと一緒に作業できますか？

B：はい。

A：良かった、どうもありがとう。進捗状況の確認のため、金曜日にまたミーティングを
　　しましょうか？

B：それは可能ですが、メッセンジャーでやりとりをしたほうが、アイディアなどが出次第、
　　金曜日まで待たずに対応でき、時間をセーブできてより早く進むように思います。❺

D：私も信二と完全に同意見です。❻ 皆さんにとってその方が良いと思います。

A：[グループに向かって] いかがですか？ 皆さんそれでよろしいですか？ [参加者が頷い
　　たり yes と言ったりする]

A：はい、では皆さんにとっていいようでしたら、そのようにしましょう。ご提案ありがと
　　うございます。

Review Dialogue 4-1 復習ダイアローグ4-1

Key Takeaways 復習ダイアローグ4-1のポイント

❶ ミーティングの種類とキックオフの言葉 ⇒ p. 235

このシーンでは対面のミーティングで、全員が会議室に到着しました（実際には A, B, C, D 以外に数名参加している。）参加者が集まっているのを見て、ケイティさんが始まりの合図となる言葉をかけます。ミーティングに設けた時間が短い、または非常に忙しい中でのミーティングで、開始時間よりも早めにスタートするので in the interest of saving time... と言っています。

❷ タイムリーに理解の確認をする ⇒ p. 213

信二さんは、自分の理解していることを述べた上で、I'd just like to confirm... と、確認したいことを聞いています。スライドを作り終えたらその内容をもとに配布資料を作成する作業が必要になるのがわかっており、また、その担当者と協力する必要もあるため、プラニングのためにこの質問をしています。

❸ タイムリーに理解の確認をする ⇒ p. 213

話が進む前に、ジョンさんはプロセスについてタイムリーに聞いています。「この理解で合っていますか？」という形式で質問しています。

❹ 相手へ気を遣いながら反対意見を述べる ⇒ p. 228

タイミングが難しいことを、I can't do that. とぶっきらぼうに言うのではなく、If..., I might not be able to... のような表現で、角が立たないように伝えています。また、できないと言うだけでなく代替案としてサポートを得ることが可能かと聞いています。Can I (we)? という聞き方もありますが、Would it be possible to...? は「可能性」を聞いているので、より相手の都合に配慮した聞き方です。

❺ 相手へ気を遣いながら反対意見を述べる ⇒ p. 228

　ケイティさんの提案に賛成しつつ、チームにとって効率の良いと思ったプランを提案しています。この場合「反対意見」ではないですが、ケイティさんとは異なる意見なので、丁寧で角が立たないように言っています。

❻ 賛成や同意の度合いによって表現を調整する ⇒ p. 224

　I agree (with Shinji). という言い方もありますが、恵美さんは強く同意をしたため completely agree と表現しています。

Review Dialogue 4-2　復習ダイアローグ 4-2

●Scene: ジルさんが山本さんと、ポールさんに会議内容の説明を始めます。

●A = Jill Spade　B = 山本陽子　C = Paul Chan

A : Yamamoto san, Paul, thank you for making time to meet today.

B : Not at all.

C : Thank you for arranging this.

A : The purpose of today's meeting is to decide on the speaker at the Recruiting Fair in New York in December. ❶ In our previous meeting, we narrowed down the candidate pool to three analyst-level employees, but I believe that we need to revisit this.

B : Right, the organizers announced the speakers from our competitors, and they have selected senior members.

C : We could go ahead with having a junior employee make the speech.

B : I suppose it would differentiate our firm from others, and it might attract the younger members of the audience. ❷

A : That's one way to look at it. However, I believe that it might be best to align the level of seniority with the other firms for consistency across all retail firms. ❸ It also sends a message to the participants that the management-level members are committed to recruiting the best talent and are heavily involved in the recruiting process.

C : I believe you're right about that. ❹ What do you think, Yamamoto san?

B : Jill has a great point. I completely agree. ❺ Let's go with someone senior.

A : Great. Thank you for sharing your thoughts. We initially had Kishinami san on the list of candidates. She's a Senior Director. Should we check if

A：山本さん、ポールさん、本日はミーティングのために時間を割いてくれてありがとうございます。

B：いえ、どういたしまして。

C：設定してくれてありがとう。

A：今日のミーティングの目的は、12月のニューヨークでのリクルーティングフェアでのスピーカー（登壇者）を決めることです。❶ 前回のミーティングでは3名のアナリストレベルの候補者に絞りましたが、この件について再検討するべきだと思っています。

B：そうですよね、運営が競合他社のスピーカーを発表して、彼らはシニアな社員を選んだんですよね。(ここで言う「シニア」は「高齢」の意味ではなく、上級や上席など、役職が高い人のことを「シニア（マネージャー）」「XXよりもYYの方がシニア」などと言う。)

C：このまま、若手社員にスピーチをしてもらうのも可能ですけどね。

B：そうですね、他社から差別化できて、若い参加者を引きつける効果はあるかもしれませんね。❷

A：それはひとつの見方ですね。ただ、他のリテール会社と同様の役職の社員にして、業界として統一感を見せた方が良いと思います。❸ 参加者にはマネジメントレベルの者も優秀な人材の採用に熱心で、採用プロセスに深く関わっているというメッセージを伝えることもできます。

C：そうですね、それは正しいと思います。❹ 山本さん、いかがですか？

B：ジルさんの言う通りですね。全面的に賛成です。❺ マネジメントレベルの人にしましょう。

A：良かった。ご意見ありがとう。もともとの候補者リストに岸波さんがいました。彼女

Review Dialogue 4-2 復習ダイアローグ 4-2

she's available?

C : I may be wrong, but she might be on a business trip during that time. ❻ Her calendar was marked "out of office" when I checked before.

A : I see. Then let's ask someone else.

C : How about Shirai san? He oversees the Finance Department and he has a reputation as an excellent speaker.

B : He would be perfect. I actually had the chance to talk with him after the management meeting, and he expressed an interest in getting involved in our marketing and recruiting efforts.

A : Wonderful. Thank you for the suggestion. As the next step, I'll reach out to Shirai san and ask about his availability and willingness to take this on. ❼ In the meantime, let's discuss and come up with two more candidates as back-up in case it doesn't work with Shirai san. We can take that off line and get together again for a quick follow-up meeting in the next day or two.

　　はシニアディレクターです。彼女の都合を確認しましょうか?

C：間違っているかもしれませんが、そのときは出張に出ているかもしれません。❻ 前に
　　確認したとき、カレンダーが「不在」になっていました。

A：そうなのですね。では他の人に聞きましょう。

C：白井さんはどうでしょうか? ファイナンス部を統括していて、素晴らしいスピーカーだ
　　という評判です。

B：彼は適任ですね。実はマネジメントミーティングの後に話す機会があったのですが、
　　私たちのマーケティングと採用の活動に参加することに興味があると言っていまし
　　た。

A：素晴らしいですね。ご提案ありがとうございます。次のステップとしては、私から白
　　井さんに連絡を取って、都合と、この件をご担当いただけるかの意思を聞きます。❼
　　その間、白井さんにお願いできなかった場合の候補者を2名考えましょう。それは
　　オフラインでやりとりして、1–2日後に簡単なフォローアップミーティングをしましょ
　　う。

Review Dialogue 4-2 復習ダイアローグ4-2

Key Takeaways 復習ダイアローグ4-2のポイント

❶ ミーティングの種類とキックオフの言葉 ⇒ p. 235
議題（アジェンダ）をわかりやすく伝える ⇒ p. 246

　ジルさんは、ミーティングの生産性を高めるため、「時間をとってくれてありが
とうございます」と感謝の言葉から始めて、早速内容に入ります。参加者の 3 名
はマネージャーレベルなので決定権を持っており、この場でイベントのプレゼン
の登壇者を決めたいと言っています。

❷ 賛成や同意の度合いによって表現を調整する ⇒ p. 224

　I suppose... から始まるので、強い意見ではなく、「そうかもしれない」というニュ
アンスで同意しながら意見を言っています。

❸ 相手へ気を遣いながら反対意見を述べる ⇒ p. 228

　That's one way to look at it. However, I believe that... と言って、相手の
意見を受け入れて理解していると言いつつ、however のつなぎ言葉でつなげて、
異なる意見を述べています。相手を攻撃しない丁寧な言い方です。

❹ 賛成や同意の度合いによって表現を調整する ⇒ p. 224

　I believe you're right about that. と、もともとの意見とは異なる意見につ
いて同意をしています。また、山本さんにも意見を聞いて、全員の考えを考慮
したい姿勢を見せています。

❺ 賛成や同意の度合いによって表現を調整する ⇒ p. 224

　　新しい意見について完全に同意しています。I agree. とだけ言うよりも、より前向きな姿勢と、チームとしての一体感が感じられます。

❻ 意見の伝え方に表現の幅を持つ ⇒ p. 198

　　この場合は意見というよりも正しいかどうか自信のないことについて伝えています。確信が持てないので、I may be wrong, but... という表現を使っています。

❼ 会議をまとめる ⇒ p. 249

　　Next step を確認して、ミーティングを終わりに持っていきます。

Review Dialogue 4-3　復習ダイアローグ4-3

● Scene: 橘さんが、チームビルディング・アクティビティについて同じ会社の他部署の人に向けてプレゼンテーションをしています。

● A = 橘潤　B = Katy Springfield　C = 松村大樹

A : Good morning, everyone. I'm Jun Tachibana from the IT Department. Today, I'd like to share the highlights and results of an off-site team-building activity that we offered in our department. **My presentation will consist of three parts.**

First, I'll provide an overview of the activity. **Second**, I'll share some feedback from the participants. **Third**, I'll discuss the results of the follow-up survey and talk about the next steps. ❶

Each part will be about five minutes, and I will open it up for questions for the remaining five minutes.

My goal is to help you understand the benefits of these activities for team-building and encourage you to consider offering them in your departments. ❷

So, first, I'd like to give you an overview of the activity. ❸ Twelve members of the Technology Infrastructure team participated in a full-day Japanese Cuisine cooking class in Tsukiji. **This slide shows the schedule,** which is also in the handouts. ❹ The workshop started out with a lecture on Japanese culture and cuisine. Then, the employees divided into three teams for a cooking competition. They brainstormed what they would make, shopped for the ingredients at the Tsukiji Outer Market, and returned to the venue with a fully set-up kitchen to cook the dish. Each team had the support of one professional instructor, who assisted with everything from interpretations and finding the right

A：皆さま、おはようございます。IT部の橘潤です。今日は、私たちの部署で実施した
チームビルディング・アクティビティのハイライトとその成果について報告いたします。
プレゼンテーションは3部構成になっています。

はじめにアクティビティの概要についてお話しします。2つ目に、参加者からのフィー
ドバックをシェアします。3つ目に、フォローアップアンケートの結果と次のステップ
についてお話しします。❶
それぞれについて5分ほどお話しし、残りの5分は質問を承ります。

プレゼンテーションを通して、皆さまにこのようなアクティビティのメリットについて
知っていただき、各部署での提供をご検討いただくことが目標です。❷

では、まず、アクティビティの概要についてお話しします。❸ テクノロジー部インフ
ラストラクチャーチームの社員12名が築地にて和食の1日料理クラスに参加しまし
た。スケジュールはご覧のスライドの通りで、配布資料にも記載されています。❹ ワー
クショップは日本文化と和食のレクチャーから始まりました。その後、社員は3つの
チームに分かれてコンテストに挑みました。それぞれ何を作るかをブレーンストーム
し、築地場外市場で材料の買い物をし、フル・キッチンが設営された会場に戻りま
した。各チームに1名のプロの講師がつき、通訳から適切な調味料選び、チーム内
のコミュニケーションを増やす工夫まで、色々なアシストを受けました。最後は全員
着席で食事をし、全チームのお料理を楽しみました。

seasonings to encouraging more communication within the groups. At the end, the dishes that each team cooked were evaluated and given feedback. Finally, everyone enjoyed a seated meal where they were able to taste each team's dish.

<u>Now</u>, I'd like to share some of the feedback we received from the participants. ❺ We asked them to complete online surveys. <u>**The overall feedback was very positive.**</u> ❻ All twelve participants indicated that they strongly recommended this activity to be offered to other divisions within the firm.

Let me share some of the comments. One person wrote, "It was a great way to get away from the office, since we are always sitting at our desks at work. I enjoyed getting to know members of my team better, and I learned about Japanese culture and cuisine at the same time." Another person wrote, "The competition helped the activity become more exciting and made us more focused." Please refer to the handouts for other comments and detailed results.

<u>Lastly</u>, I will discuss the results of the follow-up survey. ❼ We emailed the participants another online survey one month after the activity and asked questions about changes or other observations as a result of the team-building activity. We received responses from eleven participants.

それでは、参加者のフィードバックをいくつかシェアします。❺ オンラインのアンケートにご回答いただきました。結果は全般的に高評価で、❻ 12名全員が他の部署でこのアクティビティを提供することを強くおすすめしたいと答えました。

いくつかコメントをシェアします。1名はこうコメントしました。「いつもオフィスでずっと座ったまま仕事をしているので、外に出る良い機会でした。他のチームメンバーともっとよく知り合えたことも良かったですし、同時に日本の文化や和食について学べました」。もう1名はこうコメントしました。「コンテストがあったことによってアクティビティがさらにワクワクしたものになり、また一段と集中できました」。他のコメントや結果の詳細については配布資料をご参照ください。

最後に、フォローアップアンケートの結果についてお話しします。❼ アクティビティの1ヶ月後、参加者に再びオンラインのアンケートをメールで送り、チームビルディング・アクティビティによる変化などについて聞きました。11名から回答がありました。

As the slide shows, all respondents indicated that they felt that the relationship within their team had improved as a result of the activity. ❽ We can also see from the results that the activity not only improved communication within the team, but also offered a chance to learn about each other's preferred work habits, personal lives, and how that knowledge could improve productivity as a team.

I'd just like to highlight two sections in the survey. ❾ One is that ten respondents observed an increase in frequency of casual interactions within the division. Another is that eight indicated that they went out for lunch or coffee with other members of the team after the activity.

As a result of these findings, I'd like to propose that you consider organizing team-building activities for your departments. ❿ **I highly recommend** this particular one, so if you are interested, please feel free to let me know and I will connect you with the organizers. ⓫

We now have about five minutes remaining, and I would be happy to take some questions if there are any. Yes, please go ahead.

B： Hi, I'm Katy from Finance. Thank you for the informative presentation. I'm interested in arranging this activity for my team. How many people can the workshop accommodate?

スライドが示す通り、全回答者がアクティビティによってチーム内の関係が良くなったと回答しました。⑧ 結果からは、チーム内のコミュニケーションが改善しただけでなく、お互いの好むワークスタイル、私生活などについても知ることができ、それらがチームの生産性の改善にもつながったこともわかりました。

アンケートの2つの項目をハイライトしたいと思います。⑨ 1つは、10名の回答者が部署内でカジュアルなやりとりが増えたと感じたことです。もう1つは、8名の回答者がアクティビティ後、他のチームメンバーとランチやコーヒーに行くようになったことです。

これらの結果により、皆さんの部署でもチームビルディング・アクティビティの実施を検討することをご提案したいです。⑩ 特に今回のアクティビティを強くおすすめいたしますので、ご興味がありましたらお知らせください。ご担当いただいた方々とおつなぎします。⑪

それでは、残り5分ほどありますので、ご質問がありましたら承りたいと思います。はい、どうぞ。[ケイティさんと目を合わせている]

B：ファイナンス部のケイティです。参考になるプレゼンテーションをありがとうございます。私のチームでもこのワークショップを取り入れることに興味があります。1セッションは何名まで参加できますか？

A : The workshop can accommodate up to 15 people per session. Thank you for asking.

B : Thank you, that's helpful to know.

A : It's my pleasure. Can I answer anyone else's questions?

C : Hi, I'm Daiki from the Compliance Division. Do you know if there is a shorter version of the workshop?

A : Hmm, that's a good question. I actually don't have the answer right now, but I will check and get back to you. ⑫

C : Thank you.

A : Anyone else? No further questions? In that case, I'd like to thank you for your attention, and I hope this was helpful. ⑬ Have a great day, everyone.

A：ワークショップは1セッション15名まで参加できます。ご質問ありがとうございます。

B：ありがとうございます。参考になります。

A：どういたしまして。他のご質問はありますか?

C：はい、コンプライアンス部の大樹です。もっと短い時間でのワークショップが提供されているかご存知ですか?

A：<u>良い質問ですね…。今すぐにお答えすることができないのですが、確認して後でご連絡いたします。</u>⓬

C：ありがとうございます。

A：他にはいらっしゃいますか? ご質問はありませんか? <u>それでは、お聞きいただいたことに感謝を申し上げますとともに、この話が皆さまのお役に立てますように。</u>⓭ それでは皆さま、良い一日を。

Review Dialogue 4-3　復習ダイアローグ 4-3

Key Takeaways　復習ダイアローグ4-3のポイント

❶ メッセージをボディランゲージに乗せる ⇨ p. 261

　３パートあることを説明している時、人差し指→中指→薬指という順に指で数を示します。

❷ 出だしが肝心 ⇨ p. 268

プレゼンのロードマップを共有する ⇨ p. 272

　プレゼンを自己紹介、トピックの紹介、目標の順に進めています。トピックについては内容が３部構成であることをあらかじめ伝えていますが、３という数が覚えやすいことも工夫の１つです。ルールではないですが、有名なスピーカーのプレゼンテーションを聞くと、３つのトピックについて話すことが多い印象です。

　また、I will talk about でもよいですが、筆者の経験では、I will share というように、share という言葉をよく聞きます。「皆さんと共有します」というニュアンスが強くなります。

　ロードマップを示すことで聞き手が「何が聞けるか」と、その流れと時間配分がわかり、プレゼン中に「次は何を話すのだろう」「いつ質問できるのか」などと迷わず、もっと内容に注目できます。

　さらに、My goal is to... と目標を述べることで、「なぜ話すか、なぜ聞き手は聞いた方が良いのか」という利点を提示しています。

❸ キーフレーズでプレゼンの流れをスムーズにする ⇨ p. 275

　スクリプトを書く際は最初の "So" は書かないですが、本番では自然な流れで so などと言うことがあるでしょう。日本語の「では（最初に）」に似たニュアンスです。３つのことについて話すと告知した通り、最初にオーバービュー（概要）について話すと説明します。

④ スライドはシンプルにする ⇒ p. 267
メッセージをボディランゲージに乗せる（アイコンタクト） ⇒ p. 263

　スライド1枚にスケジュールが記載されています。潤さんはスライドに目を向けますが、スライドを見ながら話すのではなく、聴衆に目を戻してアイコンタクトを取ります。配布資料にも詳細が記載されているので、プレゼンの後に聴衆が確認できるようになっており、その場のプレゼンに集中することが可能になります。

⑤ キーフレーズでプレゼンの流れをスムーズにする ⇒ p. 275

　トピックの切り替えを合図するフレーズで始めています。詳細は資料を見れば良いので、プレゼンでは重要なポイントのみ話しています。

⑥ 声を調整して効果的に伝える ⇒ p. 258

　The overall feedback was very positive. と言うときは声のトーンにメリハリをつけて強調しています。

⑦ キーフレーズでプレゼンの流れをスムーズにする ⇒ p. 275

　Lastly というトピックの切り替えを合図するフレーズで始めています。最後のポイントなので、lastly と言っています。

⑧ キーフレーズでプレゼンの流れをスムーズにする ⇒ p. 275

　As the slide shows... と言って、図や数字などデータでプレゼンの説得力を強化しています。

❾ キーフレーズでプレゼンの流れをスムーズにする ⇨ p. 275

全ての点を長々と説明するのではなく、アンケートからハイライトしたい点を 2 つ挙げています。あとで資料を読めばわかることはあえて省き、本当に伝えたいメッセージに絞っています。

❿ キーフレーズでプレゼンの流れをスムーズにする ⇨ p. 275

最後に話をまとめるため As a result of these findings... と言って締めくくりに持って行っています。

⓫ 声を調整して効果的に伝える ⇨ p. 258

最後に、相手にとってほしいアクション（＝チームビルディング・アクティビティの採用を検討してほしい）について強調しています。I highly recommend というところには感情を乗せて、声を少しゆっくり目にして注目を引いています。

⓬ キーフレーズでプレゼンの流れをスムーズにする ⇨ p. 275

最後に、ロードマップで示した通り、質問を受けています。Best Practices の「質問に答えられないときの処方箋」にある通り、その場で答えられないときは調べて別途連絡すると言っています。

⓭ キーフレーズでプレゼンの流れをスムーズにする ⇨ p. 275

最後に感謝の言葉を述べ、締めくくっています。

Appreciation

The Basics of Apologizing & Expressing

Chapter 5

謝罪と
感謝の基本

01 状況に応じて 謝罪の表現を変える

　英語で謝罪するときは、具体的に誰に何を謝っているのか、そしてどう対応するかを示す必要があります。英語圏では謝罪を伝える際、その内容、対象、理由を明確にします。何に対しても I'm sorry と言うだけだとその場しのぎに聞こえてしまうときがあり、具体性が無い謝罪だと少々物足りず、誠意が伝わりにくくなります。

　例えば、クライアントからクレームがあった際に、I'm sorry のひとことで終わらせるのでは素っ気なく、誠意が伝わらない上、問題は解決しません。相手は解決策やその後の対応を求めています。

　従って、謝罪の言葉に加え、具体的な解決策やアクションを提示することが重要です。もし自分では判断できない場合は、必要な情報を得て内容を理解し、上司や担当者に伝え、両方でフォローアップします。このように「次」につなげることで、相手との関係性も保てます。

The Essentials ―本当の基本―

謝罪の言葉は状況や深刻度に合わせる

🔊 Track 5-1

　日本語の「すみません」の感覚で sorry と言うのは危険です。謝るときはその状況、内容、相手との関係によってアプローチとその伝え方をカスタマイズする必要があります。軽めの失敗などであれば簡単な謝罪で十分ですが、深刻な場合はそれ以上のステップが必要です。

軽めの謝罪

Excuse me, I'd like to get through.
すみません、通していただけますか。　　※廊下や道を通りたいとき

I'm sorry, I didn't realize I was in your way.
すみません、邪魔になっていたのに気づきませんでした。

Excuse me, I'd like to make a phone call.
すみません、ちょっと電話をかけさせてください。

I'm sorry. Are you all right?
すみません。大丈夫ですか?　　※ぶつかってしまったときなど

具体的な場面：遅れたときの謝罪

I'm sorry I'm late.
遅れてすみません。

I'm sorry that I was late.
遅れてしまって申し訳ございません。

I'm sorry to have kept you waiting.
お待たせしてしまって申し訳ございません。

Sorry to keep you waiting.
お待たせしてすみません。

I apologize for my delay.
遅くなったこと、お詫び申し上げます。

I'm sorry to have troubled you.
ご迷惑をおかけしてすみません。

I'm sorry for the inconvenience.
ご迷惑をおかけしてすみません。

軽いミスや重度が低いときの謝罪

I'm sorry for my late reply.
お返事が遅くなり申し訳ありません。

I'm sorry for the delay.
遅くなってすみません。

I'm sorry for the delay in getting back to you.
折り返しが遅くなってすみません。

Apologies for the delay.
遅くなってすみません。　　※Apologies は My apologies の短縮形です。

I'm sorry for the inconvenience.
お手数・ご不便をおかけして申し訳ありません。

I'm sorry for the trouble.
お手数をおかけしてすみません。

I'm sorry to have kept you waiting.
お待たせしてすみません。

I'm sorry that there was an error in my earlier email.
先ほどのメールに誤りがあり、申し訳ございません。

The attachment was inadvertently left off the email. Please refer to the attached file. We apologize for the inconvenience.
メールに添付漏れがありました。添付ファイルをご参照ください。ご迷惑をおかけして申し訳ございません。

I'm afraid that there was a mistake in the date in my earlier email. The correct date should be June 18th (not June 8th). I'm sorry for the confusion.
恐れ入りますが、先ほどのメールに日付の誤りがありました。正しい日付は6月18日です（6月8日は誤りです）。ご迷惑をおかけして申し訳ございません。

重いミスや重要度が高いときの謝罪

I [We] deeply apologize for the inconvenience that this delay has caused.
この遅れによりご迷惑をおかけしましたことを深くお詫び申し上げます。

I deeply apologize for failing to make the payment on time.
期限内にお支払いできなかったことを心よりお詫びいたします。

I'm very sorry to ask you for this schedule change at short notice.

直前での日程変更をお願いしてしまい、大変申し訳ございません。

We are very sorry that you were charged twice for the same order.

同じご注文に対して請求が重複してしまい、大変申し訳ございません。

I would like to express my sincere apologies for making a mistake in your name on the contract.

契約書でお名前の記載に誤りがあり、心からお詫びいたします。

The Basics of Apologizing & Expressing Appreciation
02
深刻な場合は
４ステップに沿って謝罪する

01の「重いミスや重要度が高いときの謝罪」（p. 319）のように、状況が深刻なときは誠意が伝わる言葉を選び、次につながるようにさらにステップを踏みます。

The Essentials —本当の基本—

４つのステップに沿って謝罪する

◀ Track 5-2

以下の①以降は状況に合わせて適切なアプローチを取ります。

① 謝罪の言葉を述べる
② 失敗を述べ、その理由や原因を伝え、それに対する責任を認める
③ 同じ失敗を繰り返さないようにする（対策をする）ことを述べる
④ 責任の取り方、埋め合わせ、今後の対応プランを伝える

① 謝罪の言葉を述べる

何のために謝罪しているかを具体的に述べるほうが誠意が伝わります。

I [We] deeply apologize for the inconvenience this has caused.
ご迷惑をおかけしましたことを深くお詫び申し上げます。

I'm sorry to have kept you waiting.
お待たせしてしまい申し訳ございません。

We are very sorry to inform you that the "Business Emails 101 Workshop" has been cancelled due to low enrollment.
「ビジネスｅメールの基本　ワークショップ」の登録者が少人数のため、キャンセルとなりましたことをお知らせするとともに、心からお詫びいたします。

I'm sorry for the delay in sending you the materials that you requested.
ご依頼いただいた資料の送付が遅れてしまい申し訳ございません。

We apologize for this error and the inconvenience this has caused.
この間違い及びご不便をおかけしましたことにお詫び申し上げます。

We'd like to express [extend] our sincerest apologies for the negative experience that you had when talking with our customer support department.
当社のお客様サポート部とお話しいただいた際、不快な思いをさせてしまいましたこと、心からお詫び申し上げます。

② **失敗を述べ、その理由や原因を伝え、それに対する責任を認める**

　誤りや失敗をきちんと認識していること、理由や原因を調査した（している）こと、そして（こちらに非があれば）責任があることを認めていることを伝えます。これによって、状況を真摯に受け止めていることが伝わります。

I realize I have made a mistake.
過ちを犯してしまいました。

I admit I was mistaken.
私に誤りがあったことを認めます。

I'm afraid it was unavoidable (because of a family emergency).
申し訳ないのですが、（家庭の急用で）やむを得ない状況でした。
※遅刻やキャンセルなどがあったとき。

I should have informed you earlier about the possible delay.
遅延の可能性についてもっと早くお知らせするべきでした。

The process required more time than expected, and we should have alerted you of this delay.
プロセスに予想以上の時間が必要となり、あらかじめその旨をお伝えするべきでした。

We are currently investigating this issue.
現在この件について調査をしております。※原因が不明の場合

Please be assured that we have made every effort to resolve this issue.
この件の解決に力を尽くしております。

③ 同じ失敗を繰り返さないようにする（対策をする）ことを述べる

再発や繰り返しのないよう、できる限りのことをすると伝えます。ただし、無理な約束はしないほうが良いでしょう。We will never do this again. や This will never happen again. など、「二度としません（起きま

せん）」のような絶対的な約束はリスクがあり、むしろ不誠実に聞こえる
こともあるので注意します。

We will make every effort to prevent this from happening
again.
再発防止に全力を尽くします。

We assure you that it will not happen again.
これは二度とないことをお約束します。

We will make sure that this doesn't happen again.
再度（このようなことが）起きないように徹底します。

④ 責任の取り方、埋め合わせ、今後の対応プランを伝える

　ここでは具体的に提示した方が、責任の取り方や今後の対策に具体性が
高まり、状況も相手との関係も「次」につながります。

We have made every effort to resolve this issue.
この件の解決に全力を尽くしました。

We will make the corrections as soon as possible.
早急に修正いたします。

We are looking into this issue and will get back to you as
soon as we have any updates.
現在調査しており、わかり次第（アップデートがあり次第）早急にご連絡
いたします。

We will contact you as soon as we confirm the payment status.
お支払い状況を確認次第すぐにご連絡いたします。

To minimize any risks of errors, we will implement four-eyes check on all transactions.
誤りのリスクを防ぐため、取引の際は "four-eyes check" を実行します。
※four-eyes check: リスクマネジメントの対策の一種で、2人以上が確認すること（4つの目＝2人、つまり2人以上）。

We will send the revised contracts by express mail, and would appreciate it if you could send us back the earlier copies by COD.
修正版の契約書を速達でお送りしますので、前回の契約書を着払いで返送いただけますと幸いです。　　※COD = cash on delivery（着払い）。

Going forward, I will make sure to send you a heads-up about any delays.
今後は遅れのある場合は前もって（予告の）ご連絡をするようにいたします。

謝罪のあとのプラスαの表現

Please let me [us] know if you have any questions or concerns.
ご質問や気になる点などありましたらご連絡ください。

Please do not hesitate to contact me [us] if you have any questions or concerns.
ご質問や気になる点などございましたら、ご遠慮なくご連絡ください。

Thank you for your patience.
お待ちいただきありがとうございます。

Thank you for your understanding.
ご理解いただきありがとうございます。

We greatly appreciate your understanding.
ご理解いただき誠に感謝申し上げます。

Thank you for your patience and understanding.
お待ちいただき、またご理解いただきまして、感謝申し上げます。

Your business [Our relationship with you] is important to us.
貴社との関係はわれわれにとって大切です。

⇧⇧⇧ Stepping Up ——一歩上を行く—— ◀ Track 5-3

☑ 謝罪を受け止める表現で返事をする

　謝罪の言葉があったとき、それを受け止めて返事をするのが良いマナーです。黙ったまま相手のことを宙ぶらりんな状態にせず、場面や相手に合った言葉で返事をするようにしましょう。

　さらに状況の確認などが必要であれば、状況を明確にする、あるいは自分の理解が正しいか確認するための質問(p. 213参照)をし

て話を進めます。

No problem.

気にしないで／問題ないよ。

※カジュアルな場面や、同僚の間で使いますが、目上の人に対してはくだけて軽く聞こえます。

No worries.

心配ないよ／気にしないで。

※カジュアルなので、親しい仲の人や同僚との間で使いますが、目上の人に言うのは避けます。

That's all right.

大丈夫ですよ。

(Please) don't worry about it.

ご心配なく／お気遣いなく。　　※Pleaseをつけたほうが丁寧。

Don't give it another thought.

これ以上ご心配なく／考えなくていいですよ／もう忘れましょう。

Don't worry about it.

そのことは心配なさらないでください。

Your apology was appreciated. Thank you for your consideration.

謝罪いただき、また、ご配慮いただきありがとうございます。

03　状況に応じて　感謝の表現をカスタマイズする

　感謝を伝えるときは、謝罪の時と同じように具体性を含ませて述べると気持ちが伝わりやすくなります。また、謝罪のときのI'm sorryと同様で何度もthank youと繰り返すと、その意味や重みが薄れ、軽い印象になってしまいます。

　感謝の気持ちを表す際に使える表現のバリエーションをいくつか挙げていますので、状況に合わせてカスタマイズしてみてください。

The Essentials ―本当の基本―

状況に最も合った感謝の言葉を使う

◀ Track 5-4

　ちょっとしたことへのお礼から、大変なときに仕事を手伝ってもらったときに深い感謝の気持ちを伝えるときなど、状況によって表現を変えます。基本の型は「Thank you for + 具体的に何に対して感謝をしているか」で具体性をプラスします。この表現を使うと、形式的ではなく気持ちがこもったメッセージになります。

　ところで、thank you の短縮形として thanks がありますが、カジュアルな場面では良いものの、ビジネスでは注意が必要です。特に上司や目上の人には短縮せず Thank you. と言った方が丁寧です。ちなみに筆者は、相手が同僚であっても、仕事の場面では短縮形は使いません。

軽めの感謝

Thank you.
ありがとう。

Thank you!
ありがとう！　　※目上の人へのメールの場合は「！」の記号は使いませんが、同僚や親しい相手が何かを手伝ってくれたお礼の際は「！」をつけて感謝の気持ちを強調することは問題ないでしょう。

Thank you. I really appreciate it.
ありがとう（ございます）。とても感謝しています。

深めの感謝

I greatly appreciate your help.
お手伝い（ご協力）いただきとても感謝しております。

Thank you very much.
誠に（本当に）ありがとうございます。

Thank you very much for your help/support.
ご協力（ご支援）いただき、誠にありがとうございます。

Thank you very much for your kind words.
優しいお言葉を誠にありがとうございます。

I can't thank you enough for all your support.
いつもサポートしていただき感謝しきれません。

Thank you にプラスαを加える

It means a lot to me.
とても嬉しいです。　※直訳は「私にとってとても意味があります」ですが、「心に響きます」「嬉
しいです」「価値のあることです」という意味合いもあります。

Thank you for the gift. It means a lot to me.
プレゼントありがとうございます。とても嬉しいです。
※「大切です」のニュアンス。

Thank you for your encouragement.
励みになるお言葉をありがとうございます。

I really appreciate your time.
お時間いただき感謝申し上げます。

I appreciate your helping me.
ご協力いただき感謝申し上げます。

I sincerely appreciate your taking time to talk with me.
お話しするためにお時間をいただき、とても感謝しております。

That's very kind of you.
ご親切に（ありがとうございます）。

I'm really grateful to you.
本当に感謝しています。

Stepping Up ——歩上を行く——

⊿ Track 5-5

☑ 感謝の言葉に返事をする

　お互いに気持ちの良いコミュニケーションにするため、感謝の言葉を受けたら、「いえいえ、たいしたことありません」「何もしていません」などと謙遜せず、それを受け止める返事をするのが良いマナーです。You're welcome. が定番として知られていますが、他にも気持ちの通った表現を使ってみてください。

My pleasure.
喜んで。／どういたしまして。

It's my pleasure.
喜んで。／どういたしまして。

I'm happy to help.
お役に立てて嬉しいです。

I'm glad I could help.
お役に立てて嬉しいです。

No problem.
いいよ。／大丈夫ですよ。　※少しカジュアル。

Not at all.
いえ、どういたしまして。

Best Practices ―現場からのヒント―

☑ 褒めてもらったときに謙遜せず受け止める

　日本語では、褒めてもらったときに「いえいえ」「たいしたことありません」「そんなことないです」などと謙遜するほうが自然かもしれません。

　しかし英語ではそうした謙遜はせず、感謝の気持ちを伝えたり、素直に嬉しい気持ちを伝えます。謙遜すると、相手は自分の感謝の言葉が足りず、もっと感謝をしなければいけない、あるいは自分が否定されているような気持ちになってしまう可能性があります。

　そのように相手を困らせないのも気配りです。以下のような返答で相手の気持ちを素直に受け止めましょう。

Thank you. It's nice of you to say that.
ありがとうございます。そう言ってくださり嬉しいです。　　※「ご親切に」のニュアンス。

I appreciate your saying that. Thank you.
そう言ってくださり感謝いたします。ありがとうございます。

Thank you for your kind words.
優しいお言葉をありがとうございます。

That's very encouraging. Thank you.
励みになります。ありがとうございます。

Thank you very much. That means a lot (to me).
誠に／どうもありがとうございます。とても嬉しいです。

Review Dialogue 5-1 復習ダイアローグ 5-1

●Scene: ミーガンさんは食品の試作品開発を桐谷さんの会社に外注したが、桐谷さんの会社にミスがあり、納期が遅れることに。

●A = 桐谷朱音　B = Megan Jackson

A：Thank you for taking time out of your busy schedule to talk with me. I'm sorry for scheduling a call at such short notice. ❶

B：Not at all.

A：Thank you. I have some unfortunate news to share with you. I'm sorry to tell you that there will be a delay in producing samples of the gluten-free pasta that you have ordered from us. We've found that the sample that we produced contains an emulsifier with twice the amount that was specified in your order. The manufacturing staff is now producing a new sample from scratch, so I'm afraid that the expected delivery date for sampling will be delayed by two weeks, which falls on August twentieth. We sincerely apologize for this unfortunate error and delay. ❷

B：I see. Do you happen to know the cause of this error?

A：Yes. Upon investigation, we've found that it was due to a technical malfunction in the ordering system. However, please be assured that the system has been fixed overnight, and that this order is placed on expedited production. We are very sorry for the inconvenience and concerns that this has caused. ❸

B：Hmm, I see...understood.

A：Thank you very much for your understanding. We will closely monitor the production status and update you with any developments. In the meantime, please don't hesitate to contact us if you have any concerns. ❹

B：Thank you.

A：Also, we will waive the initial fee for this order in hopes of compensating for this delay and inconvenience. ❺

B：I appreciate the offer.

334

A：本日はお忙しい中お時間を作っていただきありがとうございます。急なご連絡でコールを設定することになり申し訳ございません。❶　　※「コール」は電話または電話会議のことを指します。

B：いえ、どういたしまして。

A：ありがとうございます。お知らせしなければいけないことがございます。申し訳ございませんが、ご注文いただいたグルテンフリーのパスタの試作品の生産に遅れが発生してしまいました。試作品を作る際に、ご指定いただいた量の乳化剤が2倍添加されてしまったことがわかりました。食品加工のスタッフが最初から試作品を作り直しており、恐れ入りますが、納期が2週間遅れ、8月20日の納品になる予定です。この誤りと遅延につきまして、心からお詫び申し上げます。❷

B：そうなのですか。その原因は何かおわかりですか?

A：はい。原因を調べたところ、注文のシステムの機械的な誤作動（不具合）によるものでした。しかし、システムはその日に（overnight ＝ 一晩で）修理され、この注文は最優先の（早急の）生産プロセスで進めさせていただいております。ご迷惑をおかけし、また、ご心配をお掛けしてしまい、申し訳ございません。❸

B：そうですか…わかりました。

A：ご理解いただき、ありがとうございます。生産状況を注意深くモニターし、進捗について随時ご報告いたします。その間、ご心配な点などございましたらいつでもご連絡ください。❹

B：ありがとうございます。

A：また、遅れとご不便をおかけしましたことに少しでも埋め合わせをしたく、今回のご注文の初期費用は免除させていただきます。❺

B：（費用免除のオファーによって）ご対応いただきありがとうございます。

Review Dialogue 5-1 復習ダイアローグ 5-1

Key Takeaways 復習ダイアローグ5-1のポイント

❶ 謝罪の言葉は状況や深刻度に合わせる ⇒ p. 316

　まずは相手の時間をとってしまっていることについて謝っているので、深刻度は低めです。さらに、最初に感謝の言葉を述べていて、ポジティブなトーンで始めていることも良いポイントです。忙しい中、時間を取らせてしまったことに対して謝罪から切り出すパターンもありますが、最初から謝っていると終始ネガティブなトーンになってしまいます。

❷ 4つのステップに沿って謝罪する ⇒ p. 321

①謝罪の言葉を述べる
②失敗を述べ、その理由や原因を伝え、それに対する責任を認める

　相手にとって良くないニュースを伝えた上で深刻度に合わせて謝罪しています。お知らせをする際、結果から話すアプローチもありますが、このケースでは最初に I have some unfortunate news と予告をし、相手に心の準備をさせていることもポイントです。また、状況を丁寧かつ段階的に説明し、I'm afraid that... のクッション言葉を挟み、誠意を込めた謝罪をしています。この例のように深刻度が高い場合は I'm sorry. だけだとあっさりして軽く感じます。

❸ 4つのステップに沿って謝罪する ⇒ p. 321

②失敗を述べ、その理由や原因を伝え、それに対する責任を認める
④責任の取り方、埋め合わせ、今後の対応プランを伝える

　この場合はあらかじめミスと遅れの原因が調査済みだったため説明しています。責任を認めていることも伝わります。すでにシステムが修正されていることも説明し、少しでも安心できる要素を伝えています。さらに、この注文が優先されていることを述べていて、申し訳ない気持ちと同時に少しでもプロセスを早めて埋め合わせをしたいことが伝わります。

❹ 4つのステップに沿って謝罪する ⇒ p. 321

③同じ失敗を繰り返さないようにする（対策をする）ことを述べる
④責任の取り方、埋め合わせ、今後の対応プランを伝える

　今後再発しないためのアクションについて述べています。また、何かあればいつでも対応するという発言からも、状況を深刻に受け止めていることが伝わります。

❺ 4つのステップに沿って謝罪する ⇒ p. 321

④責任の取り方、埋め合わせ、今後の対応プランを伝える

　料金の面でも埋め合わせをすることを伝えています。"in hopes of compensating for this delay and inconvenience" と言うことから、直接 I'm sorry と言っていなくても、迷惑をかけたことへの申し訳ない気持ちを伝えることができています。

Review Dialogue 5-2　復習ダイアローグ 5-2

- Scene: スティーブンさんがレベッカさんにレポートの進捗を尋ねています。
- A = Steven Willis (Manager)　B = Rebecca Kendrick

A : Rebecca, do you have a minute?

B : Yes, Steven.

A : I'd just like to check about the monthly marketing report for July. We need to take that to the client first thing on Monday, but it's now Friday, and I haven't heard any status updates from you.

B : Yes, I'm sorry that I didn't update you earlier. I'm just finalizing the graphs right now. ❶

A : It seems a little late to be doing that at this stage. As with the previous months, I need to review the completed report by the day before to make sure that we can make any corrections or adjustments before presenting it to the client.

B : I understand... I apologize for not updating you and for the delay in getting the report to you. I was overwhelmed with work and it slipped my mind. I realize that this has caused inconvenience and made you concerned. I will finish it up and send you the draft within the next thirty minutes. ❷

A : All right. Thank you. You own this process, and I know you can do it. Perhaps going forward, you can give me a heads-up early on if you're stuck. Or, if it's a workload issue, we can talk about how we should prioritize.

B : That would be really helpful. I will make sure to update you on the progress and consult you regarding my workload from now on. Again, I'm sorry for causing this inconvenience. ❸

A : It's fine. I'll look forward to receiving the draft later, then.

B : Thank you so much for your understanding.

A：レベッカ、今時間はありますか？

B：はい、スティーブンさん。

A：7月のマンスリーのマーケティングレポートについてちょっと状況確認したいです。月曜の朝一にクライアントに持っていく必要がありますが、もう金曜日で、まだ状況の報告をもらっていないのですが。

B：はい、もっと早くご報告していなくてすみません。今グラフを仕上げているところです。❶

A：それをするにはちょっと遅いように思います。これまでの月と同じように、前日までには完成されたレポートを確認し、クライアントとのミーティングで提示する前に修正や調整をしなければいけません。

B：おっしゃる通りです…。状況報告をしておらず、その上レポートをお渡しするのが遅れたことについて、申し訳なく思っております。仕事のボリュームが多く、失念しておりました。ご不便な思いをさせ、ご心配をおかけしてしまいました。30分以内にドラフトを完了させてお送りします。❷

A：わかりました。このプロセスはあなたが責任者ですし、あなたならちゃんとできると確信しています。今後は行き詰まったら早めに前もって私に知らせてくれていいですからね。あるいは、仕事の量が問題なら、どのように優先順位をつけるべきか話し合いましょう。

B：それはとても助かります。今後は進捗についてご報告し、仕事量について相談するようにいたします。改めまして、ご迷惑をおかけして申し訳ございませんでした。❸

A：大丈夫です。それでは、後ほどドラフトをもらえるのを待っています。

B：ご理解いただき本当にありがとうございます。　　※ここの「理解」は「このような状況でも理解を示してくださり」というニュアンスが含まれます。

❶ 謝罪の言葉は状況や深刻度に合わせる ⇒p. 316

　最初に出てくる謝罪するべきポイントは「レポートの状況をまだ報告していない」こと。この点に関して、I'm sorry that... と謝っています。

❷ 4つのステップに沿って謝罪する ⇒p. 321

①謝罪の言葉を述べる

②失敗を述べ、その理由や原因を伝え、それに対する責任を認める

④責任の取り方、埋め合わせ、今後の対応プランを伝える

　ここではより深刻な自分の落ち度について謝っているため、言葉遣いを調整しています。具体的に何について謝っているのかとその理由を述べ、そのあと取るアクション（行動や対応）を伝えています。

❸ 4つのステップに沿って謝罪する ⇒p. 321

④責任の取り方、埋め合わせ、今後の対応プランを伝える

　今後はどのようなアクションを取るかを伝え（進捗の報告と仕事量についての相談）、ここでも言葉を変えて改めて謝罪しています。スティーブンさんも、「Stepping Up 謝罪を受け止める表現で返事をする」p. 326）の通り、謝罪を受け止める表現で返事をしています。

Review Dialogue 5-3 復習ダイアローグ 5-3

- Scene: 恵さんがラジェッシュさんにプレゼンのフィードバックのお礼を言っています。
- A = 田村恵　B = Rajesh Anand　C = Fiona Wilkinson (Manager)

A : <u>Hi Rajesh, thank you for helping me with my rehearsal for the presentation yesterday.</u> ❶ I'm still a little nervous, but feeling more confident with the content of the presentation after making changes based on your feedback.

B : Not at all, Megumi. The content of your presentation was good to start out with, but simplifying the introduction helped make it more impactful. Plus, your delivery became smoother after practicing it many times. I'm sure you will do great!

A : <u>That's really encouraging. Your feedback was extremely helpful. Thank you again.</u> ❷

After the presentation

C : Hi Megumi, great job with your presentation! Thanks to your thorough analysis of our competitors, your sales pitch was supported by solid data, which made it really convincing. And guess what, we just heard from the client, and their initial feedback is very positive. Let's see what they come back to us with for their final decision!

A : Thank you for your kind words, Fiona. I'm delighted to hear that. I'm anxious to know their decision. Please let me know when you hear back from them!

C : I will definitely update you as soon as I get a response. By the way, I'm impressed with how your presentation skills are improving significantly.

A：ラジェッシュ、昨日はプレゼンのリハーサルにつきあってくれてどうもありがとう。❶
まだ少し緊張しているけど、あなたからのフィードバックをもとに変更したおかげで
（内容に）自信が出てきたわ。

B：どういたしまして、恵。もとのプレゼンテーションの内容はよかったけど、イントロダク
クションを少しシンプルにしたらさらにインパクトが増したね。それに、何度も練習を
重ねたらもっとスムーズに行くようになったね。（本番も）うまくいくはずだよ！

A：とても励みになるわ。フィードバックもすごく役に立ったし。本当にありがとう。❷

プレゼンテーション後

C：恵、プレゼンとても良かったですよ！ 恵が競合他社を徹底的にリサーチしてくれたお
かげで、メッセージがしっかりしたデータで裏付けられていて、非常に説得力がありま
した。そして、早速クライアントが何を言ってきたかと思ったら、とても前向きなフィー
ドバックを伝えてきたんですよ。最終決断がどうなるか、連絡を待ちましょう！

A：フィオナさん、親切なお言葉、ありがとうございます。嬉しいご報告が聞けて本当に
良かったです。クライアントの決断がとても気になります。連絡がありましたらぜひ
お知らせください！

C：もちろんです。ところで、あなたのプレゼンスキルがとても上がっていて、感心してい
ます。メッセージが簡潔で明確で、自信に満ちた佇まいで、声やボディーランゲージ

Your message is clear and concise, you look confident, and you're using your voice and body language effectively. I can see that you've been putting a lot of time and effort in practicing. As the phrase goes, "practice makes perfect"!

A : I really appreciate your feedback! It means a lot to me. Rajesh kindly took time out of his schedule to help me practice and offered helpful feedback too, so I'm grateful for that. I guess this is great teamwork, too! Thank you again for the opportunity to give the presentation. ❸

を効果的に使っていますね。たくさんの時間と努力をして練習していることがわかります。"Practice makes perfect."（練習すればするほどうまくできる）という表現の通りですね！

A：フィードバックをいただきありがとうございます！ とても嬉しいです。ラジェッシュが時間をとって練習を手伝ってくれ、有益なフィードバックもくれたので、彼には感謝しています。良いチームワークでもありますね！ 改めて、このプレゼンの機会をいただきありがとうございました。❸

Key Takeaways   復習ダイアローグ5-3のポイント

❶ 状況に最も合った感謝の言葉を使う ⇒p. 328

　前日手伝ってもらったことに対して感謝しているので、「昨日はありがとう」だ
けでなく、何に対して感謝しているのかを明確かつ具体的に示しています。また、
日本語では、「今日はありがとう」や「昨日はありがとうございました」などと言
いますが、英語では "Thank you for today." や "Thank you for yesterday." と
言うのは少し不自然です。for の後に何かが来ないと違和感があります。従って、
"for your time today" "for your help with the project yesterday" など、for
の後を埋めて内容を明確にしましょう。

　ラジェッシュさんは、「Stepping Up 感謝の言葉に返事をする」(p. 331) の通
り、感謝の言葉に返事をし、感謝の言葉を受け止めています。

❷ 状況に最も合った感謝の言葉を使う ⇒p. 328

　具体的にフィードバックに対して感謝していることを述べ、プラスαで、ラジェッ
シュさんの協力がどのような効果があったか(励みになったこと)を伝えています。

❸ 状況に最も合った感謝の言葉を使う ⇒p. 328

　フィオナさんからの激励の言葉と、プレゼンをする機会をもらったことに対し
てそれぞれ感謝をしています。褒めてもらったことに対して謙遜せず、素直に受
け止めて嬉しい気持ちを表現しています。また、"Thank you..., Fiona" のように、
相手の名前を述べると、より距離感が近くなり、気持ちが込められます。

● Scene: ジムさんが田中さんにマーケティングストラテジー導入の結果を説明しています。

● A = Jim Zhang　B = 田中聡

A : Thank you for taking the time to visit our office today. ❶

B : It's my pleasure. Thank you for inviting me. ❶

A : The pleasure is mine. I have positive news, and I'd like to get right into it. We've analyzed the impact of implementing AI in your marketing strategy over the past year, and found that it resulted in a 103% sales increase year-over-year.

B : That's amazing! Thanks to you, we were able to reach our target.

A : The key factors were targeted marketing with personalized product recommendations, which increased consumer engagement. Also, AI performed 80% of the data analysis, which allowed your employees to focus on creating content and working on strategy.

B : The increased focus on creative work has been repeatedly brought up in the management meeting as well. We are very happy with this result. Thank you for your insights and support throughout the process. ❷

A : I'm so glad to hear that. We truly appreciate your giving us the opportunity to support you in your AI marketing initiatives. I understand that the first year was a trial, but we would be delighted if we could continue to support your marketing efforts. As initially discussed, there will be a 5% discount applied to the plan after the second year. ❸

B : Thank you for the generous offer. I will run this by the department head for approval and get back to you by the end of the day. ❹

A : Certainly.

A：本日はお忙しい中、ご足労いただきありがとうございます。❶

B：どういたしまして。お招きいただきありがとうございます。❶

A：こちらこそ。良いご報告がございますので、早速お話ししたいと思います。分析したところ、ここ1年御社のマーケティングストラテジーにAIを導入した結果、売り上げが前年比で103%に上がったことがわかりました。

B：すばらしいですね！ジムさんのおかげで目標を達成することができました。　※"Thanks to you" は決まったフレーズで、「あなたのおかげで」を意味します。ここの thanks は thank you がカジュアルになったわけではなく、この単語の組み合わせで成り立っています。Thanks to your advice... などの言い回しができます。

A：キーとなった要因は、より個別に最適化されたマーケティングで消費者のエンゲージメントを増加させたことです。さらに、AIがデータ分析の80%を行ったため、社員の方々がコンテンツ作りと戦略に集中することができたことです。

B：クリエイティブな仕事にフォーカスすることはマネジメントのミーティングで何度もあがっていました。この結果をとても嬉しく思います。このプロセスの間は多くのアドバイスやサポートをいただき本当にありがとうございました。❷

A：そのように言っていただけて嬉しいです。御社のAI導入のマーケティング戦略をサポートする機会をいただきありがとうございました。初年度はトライアルだと伺っておりましたが、引き続きサポートできればと思っております。当初お話しさせていただきました通り、2年目以降はプランを5%お値引きさせていただきます。❸

B：寛大なオファーをいただきありがとうございます。部門長と確認し、本日中にご連絡いたします。❹

A：承知いたしました。

Key Takeaways　復習ダイアローグ5-4のポイント

❶ 状況に最も合った感謝の言葉を使う ⇒ p. 328

　ここではオフィスを訪問してくれたことに対して感謝の言葉を述べていますが、少々軽めの感謝の言葉です。ここで Thank you so much や Thank you very much と強く言うと少し大げさになるため違和感があり、後ほど深めの感謝の言葉を言う時の重みが薄れてしまいます。ほどよくバランスを取っています。

　また、ジムさんも田中さんも、「Stepping Up 感謝の言葉に返事をする」(p. 331) の通り、お互いの感謝の言葉を受け止めていて、気持ちの良い会話のキャッチボールになっています。

❷ 状況に最も合った感謝の言葉を使う ⇒ p. 328

　ここでは本題の件に対して感謝をしています。とても具体的に内容を述べているため、相手がしてくれたことに対して心から感謝していることが伝わります。We are very happy with this result. などと説明をしているので、より「助かった」「ありがたい」気持ちが伝わります。ここで、We are very happy... Thank you very much... と very を繰り返すと少々くどくなります。

❸ 状況に最も合った感謝の言葉を使う ⇒ p. 328

　感謝の言葉に対して謙遜せず、役に立てて感謝してもらえることに対する喜びを伝えています。We truly appreciate... という表現で感謝を述べています。

❹ 状況に最も合った感謝の言葉を使う ⇒ p. 328

　割引の提示に対して軽めの感謝の言葉を述べています。また、ここでは即答できないため、一度確認すると伝え、具体的にいつまでに返事をする予定かを述べ、曖昧にせず返事をしています。

謝辞

この本が生まれたのは、これまでご一緒した職場の方達が、洗練された英語だけでなく、マナーや振る舞いも含め、ビジネスのプロフェッショナルとして素晴らしいロールモデルとなってくださったおかげです。

また、本書の出版の機会をくださった編集者の田代裕大さんをはじめ、KADOKAWAの関係者の方々、原稿に細やかなアドバイスをくださった余田志保さん、原稿だけでなく様々な局面で私をサポートし、最後まで伴走してくださった加藤紀子さんも、私の大きな力になってくださり、本当にありがとうございました。

ビジネスの場面を生き生きと描いてくださったイラストレーターの辻子誠さん、現場で聞くような発言や会話をナレーションしてくださった Mr. Howard Colefield、Ms. Jennifer Okano、Mr. Neil DeMaere、Ms. Karen Haedrich、Mr. Dominic Allen、そして音源をご制作いただいた甲角強さん、素敵なブックデザインをご担当いただいた山崎綾子さんにも、心から感謝申し上げます。

Last but not least...

この本を選んでくださった読者の皆さまへ。

この本が英語で仕事をするあらゆる場面で、あなたの伴走者として役立ちますように。そして願わくば近い将来、この本の中身があなた自身のものとなり、この本の存在すら忘れてしまうくらい、世界中で大活躍される日が来ますように。

読者の皆さまのグローバルな飛躍と発展を心より祈りつつ。

Wishing you all the best in your global career journey!

マヤ・バーダマン

Notes

Notes

Notes

Notes

マヤ・バーダマン（Maya Vardaman）
仙台市生まれ。上智大学比較文化学部卒業。
ハワイ大学へ留学し、帰国後は秘書業を経て、ゴールドマン・サック
スに勤務。医学英語に携わったのち、別の外資系企業に勤務。
著書に『英語のお手本 そのままマネしたい「敬語」集』『英語の気配
り マネしたい「マナー」と「話し方」』『英語の決定版 電話からメー
ル、プレゼンから敬語まで』（朝日新聞出版）『品格のある英語は武器
になる』（宝島社）などがある。

Vardaman's Study
https://www.jmvardaman.com

編集協力／加藤 紀子、余田 志保

デザイン／山崎 綾子（dig）

イラスト／2g

音声収録／ELEC

校正／鷗来堂

DTP／山口 良二

がい し けいいいちねん め　　　　　　　　　えい ご　　きょうか しょ
外資系1年目のための英語の教科書

2020年3月14日　初版発行
2024年9月10日　8版発行

著者／マヤ・バーダマン

発行者／山下 直久

発行／株式会社KADOKAWA
〒102-8177　東京都千代田区富士見2-13-3
電話 0570-002-301（ナビダイヤル）

印刷所／株式会社 加藤文明社印刷所